Réseaux Sociaux

Stratégies de Marketing pour Facebook, Twitter, Snap Chat, LinkedIn, et Instagram

Till Wengert

Table des Matières

Introduction

Je tiens à vous remercier et à vous féliciter pour avoir téléchargé ce livre intitulé : “Réseaux Sociaux : Stratégies Marketing pour Facebook, Twitter, Snap Chat, LinkedIn et Instagram”.

Ce livre contient les étapes et les stratégies ayant prouvé leur efficacité dans l’utilisation de la puissance des réseaux sociaux pour les campagnes de marketing.

Si vous avez téléchargé ce livre via Amazon, il y a une forte chance que vous ayez au moins les connaissances de base de la technologie numérique, et que vous êtes déjà présents sur les réseaux sociaux, au moins sur Facebook. Par définition, les réseaux sociaux sont essentiellement un moyen pour créer, interagir et partager l›information avec une communauté grâce à l›utilisation de la technologie Internet.

Même qu’il existe actuellement de nombreuses plates-formes de réseaux sociaux, celles de Facebook, Twitter, Pinterest, LinkedIn et Instagram restent de loin les plus importantes dans le monde avec des milliards d’utilisateurs chaque jour.

Si ces réseaux sociaux sont utilisés de façon stratégique, ils peuvent être un outil puissant que vous pouvez utiliser pour promouvoir votre marque et augmenter votre audience ou votre base de clients. Ces derniers sont des membres actifs dans les sites de ces réseaux sociaux. Il est donc crucial d’exploiter votre audience et d’être en relation avec elle.

Je souhaite que ce livre aille vous aider à utiliser les réseaux sociaux pour améliorer vos efforts de marketing. Ce livre est destiné aux débutants dans ce domaine, mais même si vous avez une certaine expérience, vous y trouverez sûrement de nouvelles informations précieuses.

Merci encore pour le téléchargement de ce livre, j'espère que vous allez l'apprécier !

Chapitre 1 – Pourquoi n'êtes-vous pas encore représentés sur les Réseaux Sociaux ?

De nos jours, il ne suffit pas d'avoir un site web pour votre entreprise ou organisation. Le monde du marketing s'étend désormais aux sites des réseaux sociaux tels que Facebook et Twitter, vous devez donc commencer à tirer parti de ce puissant moyen. Si votre entreprise n'est toujours pas représentée sur ces réseaux sociaux, vous devez vous inscrire le plus tôt possible pour renforcer vos efforts de marketing. Si vous ne le faites pas, vous risquez de perdre du terrain par rapport à la concurrence.

Si vous avez besoin d'autres arguments plus convaincants, voici les principales raisons pour lesquelles vous devriez être présents sur les réseaux sociaux.

<u>Les Réseaux Sociaux vous offrent la Possibilité d'établir des Relations plus Rapprochées avec votre Marché Cible</u>

Ce qui rend le marketing des réseaux sociaux si important, c'est la possibilité d'interagir activement avec votre marché cible. Il est donc facile de savoir ce que vos clients pensent de votre entreprise, produits ou services en lisant leurs publications et tweets. Ceci est très utile pour avoir une vision plus personnalisée de votre base de clientèle, que vous pouvez ensuite utiliser pour ajuster votre stratégie de marketing.

<u>Les Réseaux Sociaux sont un Moyen Facile d'offrir un Excellent Service à la Clientèle</u>

S'il y a le moindre problème sur l'un de vos produits ou services, il est crucial d'en savoir plus le plus tôt possible. Avec les réseaux sociaux, vous pouvez recevoir une rétroaction immédiate, cela vous permettra d'agir rapidement et de prendre les mesures nécessaires pour résoudre ce problème. Selon une étude basée sur le service à la clientèle, les clients sont plus fidèles aux entreprises qui sont très attentives aux plaintes des clients. D'autre part, les clients qui estiment que leurs préoccupations ne sont pas bien traitées, peuvent utiliser les réseaux sociaux pour poster leurs critiques et plaintes, ce qui pourrait nuire à votre réputation, car une fois propagées, il sera très difficile de les stopper.

Vos Concurrents sont déjà Présents sur les Réseaux Sociaux

Plus tôt vous renforcez votre présence sur les réseaux sociaux, plus tôt vous pourrez profiter d'avoir d'un grand nombre d'adeptes et de fans. Ceci n'est pas un moyen que vous voulez négliger si vous souhaiter rester dans la compétition, car il est beaucoup plus difficile et plus coûteux de rattraper le retard si votre concurrent est déjà présent sur les médias sociaux depuis des années. Cherchez vos concurrents et voyez s'ils sont déjà représentés sur Facebook, Twitter, Instagram et LinkedIn.

Les Gens sont plus Réceptifs aux Messages Publiés sur les Réseaux Sociaux

Customers view Facebook and Twitter as a virtual community of their friends and not marketing machines. Hence, they are less likely to see your posts as advertisement and could be more likely to be receptive to your message.

Les Réseaux Sociaux Peuvent vous aider à Accroître Vos Ventes

Si vous êtes plus accessible à votre marché cible, il y a une plus grande chance que vos clients achèteront les services ou les produits que vous offrez et dont ils ont besoin. Grâce aux réseaux sociaux, votre nom de marque sera plus accessible aux clients potentiels, cela vous donnera également la chance de proposer régulièrement des promotions pour les inciter à acheter. Par exemple, vous pouvez essayer de poster ou tweeter des codes de bons-rabais qui ne peuvent être obtenus qu'à partir Facebook ou Twitter. Vous serez sûrement surpris de voir combien de personnes vont essayer de bénéficier de votre promotion en utilisant ces codes.

Les Réseaux Sociaux vous Permettent de Trouver des Clients qui Cherchent vos Produits et dont vous ignoriez l'Existence

Une autre grande caractéristique des sites de réseaux sociaux, c'est le fait qu'ils soient facilement consultables. Si vous cherchez certains mots-clés sur Twitter ou Facebook, vous trouverez des gens qui sont déjà à la recherche des produits ou services que vous vendez, et vous allez donc les rediriger vers votre site web. L'utilisation des réseaux sociaux pour le marketing est ainsi très efficace. Informer les acheteurs en besoin de vos produits devient maintenant un jeu d'enfants.

Les Réseaux Sociaux permettent aux Clients de vous Trouver et d'Acheter Vos Produits

Dans les réseaux sociaux, vous pouvez vous inscrire dans une variété de groupes liés à vos produits, bases de clients et d'industrie. En publiant des messages et des liens dans ces groupes, vous incitez les clients à consulter votre site. En postant un lien aujourd'hui, vous pourriez obtenir une vente trois jours plus tard.

Les Réseaux Sociaux sont Gratuits (Ou Presque)

Promouvoir votre entreprise via les réseaux sociaux est gratuit, si vous les gérez vous-même. Vous devriez peut-être acheter les services des boosters, mais par rapport à la publicité traditionnelle (TV, radio, journaux), ils vous coûteront beaucoup moins chers. Si vous embauchez une agence de marketing numérique, cela peut vous coûter environ 2000 $ à 8000 $ chaque mois. Ce coût récurrent n'est pas vraiment une dépense, mais il peut être considéré comme un investissement qui vous permettra sûrement d'obtenir plus de bénéfices. Si vous n'êtes pas à l'aise en communicant avec d'autres gens en ligne ou si vos compétences en écriture ne sont pas assez bonnes, l'embauche d'une agence de marketing numérique est certainement une excellente alternative. La publication d'un contenu mal rédigé ou l'envoi d'un message erroné sur les plateformes de réseaux sociaux pourrait sérieusement affecter votre réputation en ligne.

Le Marketing Via les Réseaux Sociaux vous Permet de Rivaliser Pleinement Même avec les Gros Calibres

À l'inverse du monde physique où vous devez débourser des millions de dollars pour mettre en place des campagnes publicitaires, tout le monde peut pleinement profiter des réseaux sociaux pour cette fin. Les entreprises qui réussissent sur internet, sont celles qui peuvent mener des campagnes publicitaires intelligentes. Si vous avez besoin d'attirer plus de trafic et d'augmenter vos ventes, vous pouvez facilement le faire si vous êtes assez intelligents pour surpasser vos concurrents.

Pour termes plus simples, le marketing via les réseaux sociaux fait actuellement une partie intégrante du monde des affaires. Promouvoir une entreprise via Facebook et Twitter n'est pas juste une mode passagère. Si vous n'êtes pas encore actifs sur les sites des réseaux sociaux, vous devez vous y mettre dès que possible.

Boostez Votre Présence En Ligne et Améliorez Votre Crédibilité

Votre présence sur internet ne se limite pas seulement à votre site web. Vos profils sur les réseaux sociaux font eux aussi partie intégrante de votre entreprise, non seulement auprès de vos clients, mais aussi aux yeux du réseau internet. En fait, tous les résultats de la recherche Google de votre entreprise (qu'ils soient positifs, négatifs, pertinents ou non pertinents) font partie intégrante de votre boutique en ligne.

Vos clients potentiels s'attendent à ce que vous aillez des profils sur les réseaux sociaux, et sont plus ouverts à les utiliser pour contacter vos représentants commerciaux. Si vous ne disposez pas de profils décents et organisés pour représenter votre entreprise sur les réseaux sociaux, vous aurez l'air d'être moins légitime.

Encore une fois, le marketing via les réseaux sociaux est crucial pour toute entreprise. Cependant, ceci est juste une petite partie de votre marketing sur internet. Concevoir un site web pouvant stimuler vos ventes, une solide stratégie de référencement et la présentation de produits ou services dont votre marché en a vraiment besoin, sont toutes des pièces essentielles dans vos efforts de marketing via internet.

Chapitre 2 - Stratégies de Marketing pour Facebook

Avec 1,59 milliard d'utilisateurs à travers le monde, Facebook est le lieu de rencontre par excellence. Vous avez probablement déjà un compte Facebook, et y avez certainement créé une page de fans pour votre entreprise dans votre souci de rester connecté avec vos clients qui sont sur Facebook. Cependant, il y a de fortes chances que vous ne soyez toujours pas au courant des stratégies efficaces pour maximiser le potentiel de ce géant des réseaux sociaux dans la construction de fidélité à la marque et la génération de revenus plus élevés.

Les 500 entreprises les plus fortunées telles que McDonald et Coca-Cola sont des aimants lorsqu'il s'agit d'attirer des tonnes de fans sur Facebook. Mais au-delà de l'affichage de mises à jour régulières de statut ou l'encouragement des fans de Facebook à aimer leur page, de nombreux entrepreneurs sont souvent confus et déçu quant à la façon de tirer parti de la puissance de Facebook. Dans ce chapitre, vous apprendrez comment vous pouvez booster votre marketing via Facebook pour susciter l'intérêt des fans que vous pourrez convertir en de réels clients.

LES ÉTAPES D'UTILISATION DE FACEBOOK POUR PROMOUVOIR VOTRE ENTREPRISE LOCALE

1. Explorez Facebook

Même si vous avez déjà votre propre compte Facebook, il est toujours bien d'apprendre (ou de réapprendre) les bases, parce qu'il pourrait y avoir un certain nombre de fonctionnalités que vous auriez pu manquer. La première étape consiste à prendre du temps pour explorer d'autres pages Facebook. Cherchez les pages de vos concurrents, ainsi que celle de vos alliés. Recherchez les pages des marques que vous admirez, ainsi que les marques que vos clients admirent. Procédez comme suit:

a. Commencez votre enquête en cliquant sur ce lien: https://www.facebook.com/search/results.php?nomc=0

b. Choisissez l'option de pages pour affiner les résultats par Pages

c. Utilisez le nom de vos concurrents ou des mots-clés en rapport avec votre type d'entreprise pour rechercher des pages qui se trouvent dans votre secteur d'activité

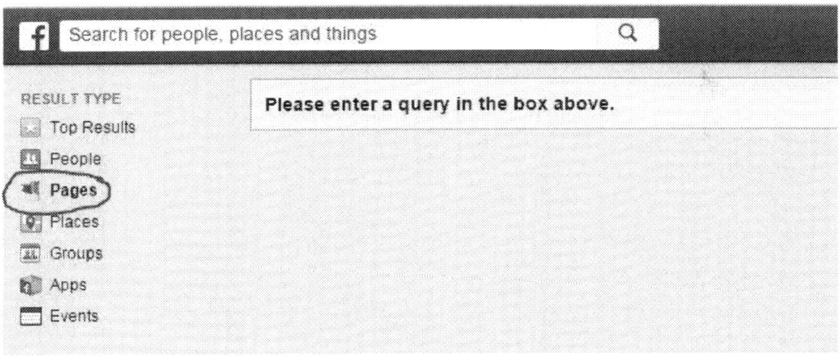

Notez que la barre de recherche Facebook n'est pas toujours dynamique et pourrait éventuellement ne pas trouver les pages que vous recherchez - même si vous saisissez le nom exact de la page.

Si vous peinez à trouver les pages Facebook de vos concurrents (il se pourrait que ces derniers n'aient pas utilisé le nom complet de leur l'entreprise), essayez leurs sites Web et cliquez sur l'icône facebook sur leurs pages d'accueil.

Qu'essayons de trouver sur les pages Facebook de vos concurrents? Vous avez besoin de trouver des informations sur ce qui fonctionne et de prendre des notes sur ces indicateurs importants:

a. A quelle fréquence affichent-ils de nouveaux contenus? Quels sont les moments où ils les publient?

b. Quels types de publications postent-ils ? Quels types de messages suscitent le plus d'intérêt des internautes? (Vous pouvez essayer de copier ce qui est efficace).

c. Combien d'abonnés réagissent à la publication? Combien de personnes réagissent directement sur la page? Assurez-vous de noter les nouvelles personnes qui «en parlent», estimez, en surveillant sur une période de 7 jours les paramètres suivant: l'affichage sur votre mur, le nombre de personne à aimer votre page, répondre aux questions qui vous sont posées, le marquage de votre page, le partage de vos messages, ou le suivi de votre entreprise.

d. Vérifiez si la page a un onglet d'accueil ou d'autres formes d'onglets. L'onglet d'accueil est-il efficace dans la mise en valeur de l'entreprise? Quelles autres formes d'onglets ont-ils? Vous trouverez les onglets sur la barre latérale gauche de la page.

e. Assurez-vous d'identifier les points faibles de la page et les améliorations que vous pouvez faire pour les corriger.

Par exemple, voyez comment Reese’s, Dove et KitKat font un excellent travail en faisant varier leurs publications et en incitant leurs partisans à interagir via Facebook

2. Utilisez les meilleurs pratiques de Facebook

En utilisant Facebook comme un outil de marketing de votre entreprise, vous devriez être prêt à vous conformer avec ses modifications et mises à jour. Grâce à cela, vous pouvez vous assurer que ce puissant canal en ligne partagera du contenu qui vous permettra de parler à votre public cible. Voici les meilleures pratiques pour vous assurer de toujours avoir une bonne place dans la communauté Facebook.

Utilisez Facebook Insights

Facebook Insights est un excellent outil qui pourrait vous aider à obtenir des informations importantes sur les utilisateurs de Facebook qui aiment votre page. Grâce à Insights, vous pouvez voir les caractéristiques démographiques de vos abonnés par tranche d'âge, le lieu et le sexe. En outre, vous pouvez voir les abonnés qui interagissent souvent avec votre contenu et votre page. Par exemple, sur la page ci-dessous, la majorité des abonnés sont des femmes (76%) et 53% des abonnés sont dans la tranche d'âge de 18 à 24.

En utilisant Insights, vous pouvez aussi voir votre performance par rapport à vos concurrents. Cela vous permettra de savoir s'il y a un besoin de faire quelques changements dans votre stratégie, si vous êtes à la traîne ou si vous êtes en avance.

Cibler la bonne audience sur chaque publication

Avec les données que vous avez obtenu de Facebook Insights, il vous est possible de cibler une audience pour vos messages et veiller à ce que les bonnes personnes (les personnes concernées) puissent les voir.

Vous pourrez affiner chacune des publications Facebook que vous partagez à travers votre page Facebook selon la catégorie ou le groupe de vos abonnés.

Comment configurer le Ciblage de Facebook

Toutes les pages Facebook ont la possibilité de ciblage, indépendamment du nombre d'abonnés que vous avez. Si le symbole du ciblage n'est pas disponible dans la zone de publication, vous pouvez l'activer en accédant aux paramètres de votre page. Une fois que vous y êtes, il suffit de suivre ces étapes simples:

1. Cliquez sur Paramètres. Assurez-vous que vous êtes dans l›onglet Général situé sur la barre latérale gauche. Notez que ceci est disponible uniquement sur la page d'administrateur.

2. Choisissez le ciblage et la confidentialité pour les messages.

3. Cochez Autoriser les Options de ciblage et da confidentialité lorsque je publie des messages sur ma page.

4. Enregistrez les modifications.

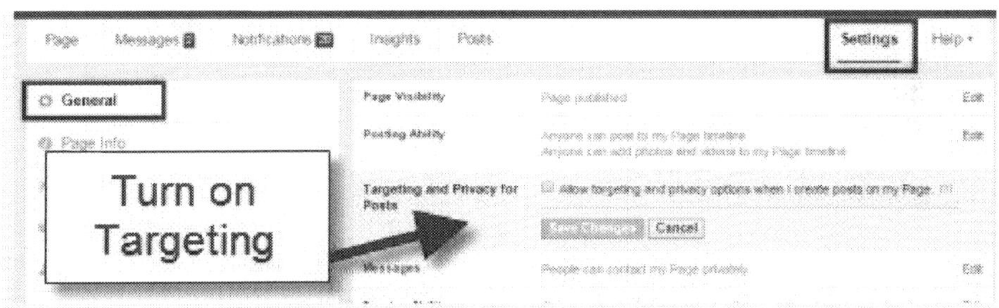

Enable targeting on your page.

Une fois que vous aurez choisi une catégorie à cibler, dès votre retour dans votre publication, vous pourrez définir les options de ciblage, soit dans la zone de publication, ou, dans certains cas, une boîte de pop-up apparaîtra pour placer votre sélection. Si vous le souhaitez, vous pouvez choisir plusieurs options de ciblage.

Rappelez-vous, seule la page administrateur sera en mesure de montrer que vous avez ajouté le ciblage à une publication spécifique. Personne d'autre ne pourra voir ses options.

En ciblant le genre, le statut de la relation, le niveau d'éducation, et l'âge, vous devriez considérer la nature de votre entreprise et l'effet que ces facteurs pourraient avoir sur elle. Par exemple, si vous vendez des vêtements pour femmes, c'est une évidence de cibler les femmes bien sûr. Si vous faites une promotion spécial saint Valentin pour votre restaurant, vous pouvez faire de ceux qui sont en couple la cible de votre publication.

En ce qui concerne l'emplacement, vous devriez cibler un rayon de cinq à 10 miles (6 à 16 km) autour de votre lieu, si vous êtes une entreprise locale. Pour la langue, la cible par défaut est l'anglais. Mais si une grande partie de vos clients parle une autre langue (espagnole ou chinoise, par exemple), vous pouvez cibler ces langues, même si vos messages sont en anglais. Si votre client a son paramètre de langue chinoise ou espagnole, il pourra toujours voir vos messages.

Vous pouvez baser le ciblage des intérêts sur le type de contenu que vous publiez dans vos messages. Par exemple, si vous êtes un magasin de sport vendant grande variété d'équipements et d'engins de sports et que vous faites une promo pour habillements de vélo, vous devez cibler les amateurs de vélo.

Ajouter des vidéos à vos publications

Des données récentes montrent que les messages vidéo reçoivent la portée organique ainsi que l'engagement en comparaison à d'autres types de messages sur Facebook. Au cours des dernières années, Facebook a effectué des évaluations et des enquêtes sur les utilisateurs, et a découvert que ses utilisateurs préfèrent voir des vidéos au lieux des images, du texte, des liens ou des publications. Par conséquent, votre page sera convenablement récompensée par l'engagement et le trafic si vous ajoutez des vidéos à vos messages.

En outre, les utilisateurs de Facebook sont généralement favorables à des publications qui les maintiennent sur Facebook au lieu de les rediriger vers des liens externes. Facebook préfère que ses utilisateurs restent sur le site afin qu'ils puissent voir plus d'annonces, ce qui équivaut à plus d'argent pour Facebook.

Une fois que vous téléchargez directement des vidéos sur votre page Facebook, leur lecture est automatique, mais le son est muet par défaut. Vous pouvez voir votre quota d'engagement doublé pour les messages vidéo en comparaison à d'autres types de publication.

Voici les meilleures pratiques pour la création d'une Vidéo Facebook:

• Ne pas télécharger la vidéo sur YouTube pour ensuite la partager sur Facebook. Notez que YouTube est un lien externe, et en outre, Google en est propriétaire.

• Capturer le public cible dans les trois premières secondes de votre vidéo, même si elle est muette. Par conséquent, vous devez vous assurer que votre vidéo soit attrayante dès le début. Il est préférable d'inclure des éléments visuels tels que les couleurs, le mouvement, des signes, des graphiques et d'autres éléments qui pourraient rendre la vidéo esthétiquement et curieusement attrayante pour votre public cible. Elle doit être assez captivante pour convaincre quelqu'un d'arrêter la navigation sur le Fil des Nouvelles et d'augmenter le volume.

• Ajouter un appel à l'action. Facebook permet maintenant d'ajouter un appel à l'action que vous pouvez inclure à la fin de la vidéo. Vous pouvez inclure un lien lié à votre blog, votre site Web ou une page de redirection. Notez que vous ne pouvez ajouter le CTA qu'à la fin de votre vidéo.

Concevoir une série d'annonces Facebook visant le même objectif

Facebook a mené récemment une expérience qui a évalué la différence entre les annonces qui sont séquencées et celles non séquencées. Beaucoup d'utilisateurs de Facebook exposés à des annonces séquencées ont visité les pages de redirection.

Créer une séquence d'annonces dont le but est essentiellement de raconter à votre utilisateur cible une histoire afin de susciter son intérêt. Ils pourraient ne pas aimer la première annonce, mais au cours de la séquence d'annonces, il est plus susceptible de voir l'annonce qui peut facilement se rapporter avec son goût.

Voici les meilleures pratiques pour la conception d'une série d'annonces:

• Établir un but - Le but à sélectionner pourrait être n'importe quelle chose à partir d'une page de destination spécifique ou relative à un produit particulier. Disons que vous avez besoin de générer du trafic vers une page de destination qui offre un essai gratuit de vos produits.

Maintenant, vous pouvez concevoir au moins trois annonces Facebook. Sur la base de votre marché cible vous montrez différentes annonces en fonction du stade où ils sont dans le processus de vente. Par exemple, s'ils ne sont pas encore familiers avec votre entreprise, mais que leurs profils montrent qu'ils sont intéressés par des affaires similaires, vous pouvez concevoir la séquence comme ceci:

Annonce n ° 1 - notoriété de la marque

Annonce n ° 2 - Avantage principal de votre produit ou service

Annonce n ° 3 - offre d'essai gratuit

Vos clients peuvent cliquer sur une annonce, qui ensuite les mènera à la même page de destination. Toutefois, si vous le faites dans une série, vous boosterez vos ventes.

Concevoir un contenu partageables

Peu importe que vos messages atteignent des milliers d'utilisateurs, si vous ne concevez pas des messages que les gens sont prêts à voir et à partager. Il est idéal de concevoir différents types de messages avec différents titres, textes, vidéos ou images pouvant susciter une émotion ou un sentiment chez votre public cible.

Voici quelques conseils pour la création de messages Facebook susceptibles d'être partagés en ligne:

• Rapidité - Regardez ce qui est actuellement une tendance et utiliser des hashtags de manière que, si les utilisateurs sont à la recherche de quelque chose, ils peuvent la trouver sur votre page Facebook. Mais assurer-vous que vous êtes au courant de l'histoire avant de créer vos messages dans le cas où vous n'utilisez pas le contenu de la bonne façon.

• Familiarité - Vos messages Facebook devraient répondre aux émotions de votre marché cible. Vous devez humaniser vos messages afin que les gens réels puissent se rapporter à eux. Récemment, il y a une résurgence des modes qui étaient populaires au cours des années 90, cela tombe à pic, car vous pouvez l'utiliser pour invoquer un sentiment de familiarité et de nostalgie.

• Nouveauté - Dans la création de messages originaux, les utilisateurs de Facebook seront plus excités en cliquant et en partageant vos messages de même qu'en interagissant avec votre entreprise. Vous pouvez essayer d'utiliser un nouveau format ou un ton nouveau qui permettra de vous démarquer de vos concurrents.

Organisez des concours sur Facebook

l'organisation de concours sur Facebook est une excellente façon d'améliorer votre relation avec vos clients et d'améliorer la notoriété de votre marque.

Voici quelques exemples de concours que vous pouvez organiser sur Facebook:

• Concours de photos pour améliorer la notoriété de la marque. L'organisation d'un concours photo incitera vos fans sur Facebook à parler de vous via Facebook à leur famille et amis afin d'avoir une chance de gagner le concours. Vous pouvez également gagner des prospects supplémentaires par le biais du concours photo.

• Concours de tombola pour avoir de nouveaux prospects. Ce type de concours est considéré comme le plus facile d'accès et donc le moyen le plus rapide pour augmenter vos prospects. Vous pouvez associer à ceci un prix lié à votre entreprise et avoir des prospects susceptibles d'être intéressés par vos produits.

• Concours de vote pour susciter l'engouement. Sélectionnez deux à trois de vos articles les mieux vendus et encouragez les gens à voter pour celui qu'ils aiment le plus. Vous pouvez choisir un gagnant au hasard.

3. Agrémentez votre page Facebook

Votre page Facebook doit être un lieu chaleureux et confortable pour vos abonnés et elle devrait vous fournir des clients potentiels. Et surtout, la page doit être représentative de votre entreprise.

L'idéal serait d'ajouter une page d'accueil personnalisée à votre page Facebook. La page d'accueil est également connue sous la dénomination « onglet Bienvenue ». Il y a des chances que vous ayez déjà vu une page d'accueil, ce qui vous a probablement encouragé à aimer la page avant même d'avoir exploré réellement le mur de cette dernière. L'onglet Bienvenue pourrait être simplement une image qui donne une idée claire de l'entreprise ; ou il pourrait être un peu plus compliqué avec une autre image et/ou des informations sous l'image. Ceci est connu en tant que « onglet de révélation » ou « contenu abonné uniquement ».

En utilisant des onglets personnalisés, vous faites se démarquer votre page dès le début. La page vous permettra de présenter votre entreprise à vos clients potentiels, et donc ils seront plus susceptibles d'être convertis en abonnés et plus tard en clients réels. En fait, les recherches révèlent que vous pouvez augmenter cette conversion en abonnés d›environ 50% en ajoutant simplement un onglet d›accueil personnalisé.

Comment Faire pour Créer des Onglets Personnalisés

Vous pouvez créer des onglets personnalisés en utilisant une application iFrame. Même s'il vous est possible de créer votre propre application iFrame, c'est plus facile d'utiliser un modèle déjà fait par un tiers. Voici quelques applications Facebook que vous pouvez utiliser pour créer votre onglet personnalisé.

- TabSite vous permettra de créer plusieurs onglets à l'intérieur de votre onglet personnalisé, de sorte que vous créez quasiment un mini-site. Vous pouvez concevoir votre onglet personnalisé sur le site Web et puis juste le charger sur votre page Facebook.

- Lujure est idéal si vous n'êtes pas fort en programmation. Cette application fournit une interface « glisser-déposer ». Elle dispose d›un compte gratuit qui vient avec un seul onglet, et elle fournit également une option « contenu abonné uniquement ». Vous pouvez également installer cette application directement depuis le site.

- Wildfire iFrame app est une application gratuite qui vous permet de construire votre propre onglet personnalisé. C'est facile à installer et elle offre la capacité du mettre un « contenu abonné uniquement ». Si vous savez comment programmer, vous pouvez créer une page d›accueil à votre guise. Vous pouvez également utiliser une image en tant que page d›accueil.

- ShortStack est une autre application iFrame recommandée si vous n›êtes pas bon dans le codage, mais que vous voulez un onglet personnalisé. Elle est également livrée avec une interface « glisser-déposer » pour vous permettre de créer un onglet personnalisé. De plus, vous pouvez ajouter vos formulaires intégrés pour le courrier électronique (Constant Contact ou MailChimp) pour permettre aux gens de souscrire facilement à votre bulletin d'information (newsletter).

- Pagemodo est une autre application facile à utiliser. Cette application est idéale si vous avez plusieurs images, mais que vos compétences de codage ne sont pas exceptionnelles. Lorsque vous ajoutez un onglet personnalisé, assurez-vous de le définir comme l›onglet de destination par défaut sur lequel vos fans seront redirigés. Lorsqu›un utilisateur aime votre page, il sera toujours redirigé vers votre mur.

4. Planifiez Votre Contenu

Dans le marketing en ligne de votre entreprise, vous devez toujours vous rappeler que le contenu du message est roi. Peu importe si votre site est visuellement attrayant ou si votre page Facebook est bien retapée, votre public ne suivra pas du tout si vous ne prévoyez pas votre contenu.

Par conséquent, vous devez toujours prendre le temps de planifier les choses en créant un calendrier éditorial qui vous aidera à décider quel type de message vous postez et quand vous le faites. Un défi majeur pour les spécialistes du marketing des réseaux sociaux est de savoir quoi afficher. Avec un calendrier éditorial, vous aurez un plan à utiliser comme référence, de sorte que vous ne débuterez pas une page blanche à essayer de comprendre quel est le message que vous voulez envoyer à votre public.

Un calendrier de contenu pour Facebook vous donnera un aperçu de ce que vous devez poster de sorte à vous assurer de couvrir tous les sujets, ainsi que les produits que vous voulez aborder. Ceci permettra également de vous assurer que vous ne postez pas des messages à répétition. Ce qui vous obligera à penser à ce qui est essentiel et ce qui ne l'est pas, si vous ne voulez pas tomber dans le piège de l›affichage du contenu juste pour le plaisir de poster sur Facebook.

Vous pouvez choisir entre deux types de calendriers de contenu. Le premier est un grand modèle de promotions et d'événements spéciaux pour toute l'année que vous pouvez mettre en place dans votre publication. Le deuxième type de calendriers est le calendrier hebdomadaire qui vous fournit une structure pour les publications quotidiennes comme des images, des vidéos, des liens externes, et plus encore.

[redacted]		
LUNDI	15h00	Photo (peut être un produit ou une image intéressante)
[redacted]		
MARDI	14h00	Question du jour
[redacted]		

J'espère que vous comprenez l'idée. En construisant votre calendrier hebdomadaire de publication, votre public se familiarisera avec votre modèle d'affichage et ils vont même vous attendre à des événements particuliers hebdomadaires. Cependant, assurez-vous de noter ce qui fonctionne avec votre public.

Un calendrier général de publication vous aidera à visualiser votre marketing en ligne dans la perspective de tous les autres efforts de marketing que vous serez amenés à faire afin d'éviter toute répétition, de mettre en évidence ce que vous voulez, de synchroniser des campagnes de marketing entre les différents réseaux, et vous permettra de développer une approche équilibrée des messages viraux, des concours, des événements en direct, et d'autres outils de marketing.

<u>5. Comprendre que Facebook est une Entreprise</u>

Certes, Facebook est une fantastique plate-forme de réseaux sociaux, mais au-delà de cet aspect, Facebook est une entreprise qui a besoin de se faire de l'argent. Comme pour toute plateforme axée sur le contenu, Facebook se fait beaucoup d'argent en reliant les lecteurs aux annonceurs. Dans sa perspective de proposer un bon contenu, Facebook étend les efforts pour fournir un contenu qui est opportun, pertinent et populaire.

Facebook se réfère à trois facteurs tels que le temps de décomposition (en temps opportun), le poids (la pertinence), et l'affinité (la popularité qui comprend l'EdgeRank). Ces trois facteurs sont considérés comme des «points culminants» que les algorithmes de Facebook classent pour comprendre quelle publication intéressera ses utilisateurs.

- Le temps de décomposition se réfère à la valeur de décomposition du contenu à mesure qu'il expire à travers le temps. Le message que vous partagez aujourd'hui pourrait être dans les nouvelles importantes, mais demain, il fera partie de l'histoire.

- Le poids est la valeur donnée aux actions et commentaires que toute publication reçoit des utilisateurs de Facebook. Tant qu'ils font certaines actions (commenter, partager, tag, etc.) la publication gagne en importance pour la communauté.

- L'affinité est la quotte entre le créateur du message et le spectateur. La mesure dans laquelle vous êtes familier avec la personne qui fait la publication détermine le score d'affinité.

Vous pouvez renforcer ces trois facteurs en encourageant vos fans sur Facebook à interagir avec votre contenu.

Marquer un haut EdgeRank dépend de la création et du type de contenu qui encourage les gens à cliquer dessus et à répéter l›action régulièrement. Offrez à vos utilisateurs un contenu qui les intéresse et ils finiront par effectuer un certain type d›actions Facebook, ce qui pourrait augmenter votre score de EdgeRank et augmentera votre exposition en ligne. Pour mieux connaître le Edge Rank, vous pouvez utiliser un site Web tiers tel que www.Edgerankchecker.com pour estimer votre score. Cet outil peut fournir une estimation de la façon dont vous interagissez avec vos fans. Cet outil en ligne peut aussi vous dire quels jours spécifiques votre publication peut recevoir le meilleur engagement.

Il serait peu judicieux de supposer que vos fans interagiront facilement juste parce que vous fournissez un excellent contenu. A la place, vous devriez toujours demander une réponse. Si vous explorez quelques-unes des pages Facebook à succès, vous remarquerez que la plupart des publications demandent un certain type de rétroaction. Êtes-vous d'accord? Qu'en penses-tu? Pouvez-vous penser à d'autres façons de préparer ce repas? Avec ces questions, vous pouvez encourager votre audience à effectuer une rétroaction.

Avec les récents changements dans Facebook, il est plus important d'obtenir un engagement ou engouement élevé car la publication pourrait être présentée comme une Top Story.

6. Servez votre communauté

Notez que Facebook est une communauté. Par conséquent, vous devez tirer parti de Facebook dans le but d'unifier et encourager le sens de la communauté. Par conséquent, vous devriez réfléchir et planifier des événements en ligne que vous pouvez héberger sur Facebook. Voici quelques idées:

- Webinaires d'affaires
- Forums Facebook
- Lancement de nouveaux produits
- Soirée en ligne

Vous devez utiliser un plugin ou une application afin de permettre la diffusion vidéo. Les événements Facebook en direct vous permettront de communiquer directement avec vos clients et vice versa. Cela vous donnera la chance d'interagir virtuellement avec vos clients en temps réel lors de l'envoi d'informations importantes sur vos produits, du lancement de nouveaux produits, ou tout simplement de créer un spectacle pour vos fans en leur offrant une expérience unique avec votre marque. Une fois que vous réussirez votre coup, vos fans peuvent facilement partager votre marque sur Facebook et d'autres plate-formes de réseaux sociaux - gratuitement!

7. Effectuez une Campagne Ciblée d'Annonces Facebook

Facebook, la plus populaire des plate-formes de réseaux sociaux aujourd'hui, peut vous permettre de publier vos annonces sur sa page d'accueil. En fait, Facebook peut vous aider à construire un public et veiller à ce que votre public cible voit vos annonces. Il va même vous fournir gratuitement des données démographiques au sujet de votre auditoire. Probablement, vous pensez que cela est trop beau pour être vrai. Et dans un sens, c'est peut-être le cas. Même si vous pouvez construire une audience avec Facebook, il peut être difficile de communiquer avec votre public aussi efficacement que vous le souhaitez. C'est facile d'afficher un bon contenu sur votre page, mais vos concurrents pourraient en faire de même; vous avez donc besoin de vous démarquer de sorte que vous puissiez avoir une bonne chance de figurer dans le fil d'actualité de votre auditoire. Par le passé, vous pouviez facilement envoyer des messages aux personnes qui ont déjà consulté votre page. Mais dans le processus de modification, Facebook a abandonné cette fonctionnalité. Par conséquent, vous devez trouver le meilleur moyen de vous connecter avec votre nouveau public.

La meilleure façon de le faire est par le biais de la publicité payée. Si vous êtes familier avec Google AdWords, il vous sera facile de comprendre la dynamique de la publicité sur Facebook. Vous pourrez également décider combien vous souhaitez payer pour chaque clic et définir vos limites quotidiennes.

Plutôt que des mots clés, vous allez définir les caractéristiques démographiques et les centres d'intérêts. Il y a aussi des annonces qui sont à base de texte, pour lesquels vous pouvez créer un texte efficace comme vous le feriez pour Bing et Google. La différence avec Facebook est que vous pouvez fournir une image à côté du texte, et vous devriez savoir que l'image va jouer un rôle important dans le but de faire remarquer votre annonce.

En outre, vous pouvez cibler votre annonce de sorte que seuls les abonnés que vous jugez idéals selon vos données démographiques verront. Par exemple, vous pouvez ne cibler que les clients qui ont entre 30 et 40 ans avec un emploi qui aiment le shopping et vivent à New York. Grâce à la portée estimée, vous pouvez facilement connaitre combien de personnes peuvent voir votre annonce.

La publicité par Histoires Sponsorisées est un autre type de publicité sur Facebook. Cette fonction vous permettra de re-partager les articles qui mentionnent votre page, application, ou localisation. Avec cela, vous pouvez avoir la chance de partager (idéalement) le message intéressant au-delà de votre base de clients ou peut-être donner à vos fans une autre occasion de voir le message. Les Histoires Sponsorisées peuvent être moins coûteuses à mettre en œuvre que le choix de Facebook Ads pour les pages.

Une fonction passionnante et unique des annonces Facebook est la capacité de cibler par le biais des connexions Facebook. Vous pouvez cibler votre annonce à vos fans, non-fans (ceux qui ne le sont pas encore), ainsi que les amis de vos fans. Ces utilisateurs ont des intérêts similaires à ceux de votre base de clients. Le meilleur avantage des publicités Facebook c'est qu›elles ne vous coûteront pas beaucoup pour explorer toutes vos options.

8. Conquérir Facebook Insights

Vous pourriez penser que vous faites très bien juste en construisant votre auditoire et en vous engageant avec eux à travers Facebook. Cependant, il est toujours recommandé de vérifier le package d'analyse de Facebook appelé Insights. Pour voir les Insights pour votre page, cliquez sur le bouton Modifier la page, situé sur la partie supérieure droite de la page (visible uniquement à la page d'administrateur). Ensuite, choisissez l'option Insights située dans la navigation de gauche.

Vous serez dirigé vers la page de Présentation avec deux sections. Vous pouvez voir des graphiques montrant les utilisateurs représentant le nombre de personnes ayant déjà vu ou interagi avec votre page, même s'ils ne l'ont pas encore « aimé ». Vous pouvez également accéder à «Voir les Détails» pour voir soit les Interactions ou les utilisateurs afin de vérifier la composition des totaux. Les détails des utilisateurs comprennent les Sources « j'aime » de sorte que vous saurez d'où viennent vos clients. Les détails de l›option utilisateur comprennent également les données démographiques de base des gens qui aiment votre page.

Accéder à « voir les détails/interaction » vous dirigera vers une page qui vous montre le nombre de fois où les gens voient chacun de vos messages. Cela permettra également de vous montrer les évaluations pour chaque jour - combien ont commenté, combien ont aimé, ou combien de personnes se sont désabonnés. A ce titre, c›est une liste avec le nombre de commentaires et d'impressions pour chaque publication.

Facebook déploie de nouvelles mises à jour pour Insights. Pour voir la page mise à jour d'Insights, vous pouvez visiter www.Facebook.com/insights et accéder au lien pour voir les mesures mises à jour. La page de présentation vous permettra d'afficher le graphique de votre portée totale hebdomadaire, y compris la portée virale des messages. Vous pouvez affiner le type de messages pour vérifier lesquels sont plus appropriés. Vous pouvez tout explorer. Passez juste au-dessus des marques «i» pour avoir un aperçu rapide du tutoriel pour vous aider.

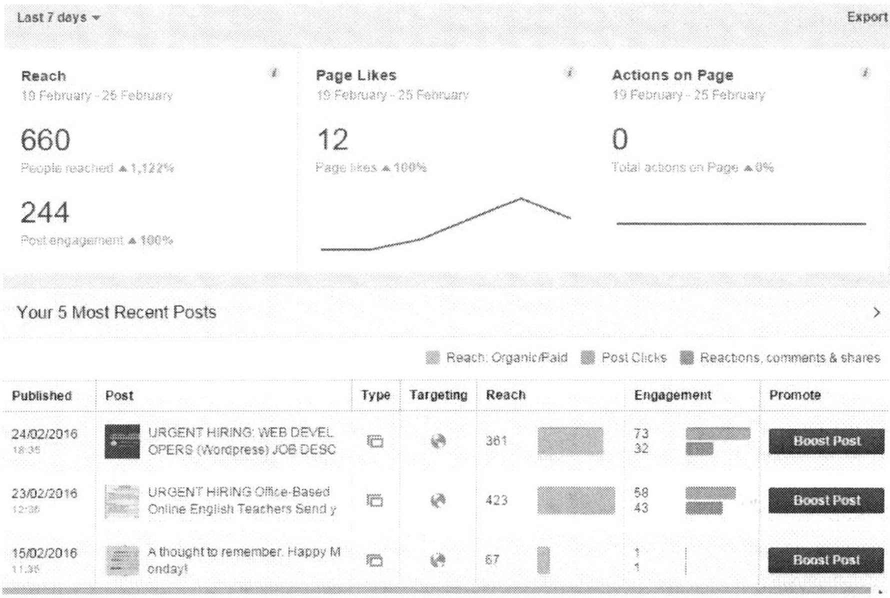

La page Insights mise à jour va montrer tout ce que les versions précédentes ont fait, mais dans un format différent.

Chapitre 3 – Stratégies de Marketing pour Twitter

En ce qui concerne les entreprises, Twitter est désormais un outil très puissant pour atteindre les clients, établir de fortes relations avec eux, les gérer, ainsi que pour assurer un excellent service clients. L'utilisation de Twitter pour partager un contenu intéressant peut s'avérer très utile pour attirer un très grand nombre de visiteurs vers votre site web, ce qui vous permet de les convertir en prospects, puis en clients payants. Beaucoup d›entreprises utilisent Twitter afin de générer des milliers de prospects à partir de leurs suiveurs.

Mis à part la génération de prospects et le service clients, vous pouvez également utiliser Twitter pour les raisons suivantes:

• Suivre et s'engager avec les gens qui parlent de votre industrie, vos

concurrents, votre entreprise, vos produits ou services.

• Créer du buzz autour des événements à venir.

• Permettre à chacun de votre personnel de servir de liaison pour vos

clients sur internet.

• Établir des relations directes avec des journalistes, blogueurs et spécialistes des relations publiques pour élargir votre publicité.

Dans ce chapitre, vous allez apprendre les stratégies et les tactiques de marketing utilisées par les entreprises pour booster leur croissance sur internet.

Établir et Optimiser le Profil de votre Marque sur Twitter

Déterminez le but derrière votre utilisation de Twitter à des fins commerciales et définissez le public cible. Assurez-vous de répondre à la question suivante:

Qu'aimez-vous que vos abonnés sur Twitter fassent ou pensent de vous ?

Vous choisissez ce que vous tweetez en fonction votre objectif. Vous devez personnaliser votre profil sur Twitter pour convaincre les membres de vous suivre, informer vos abonnés potentiels sur votre marque et rendre la page plus séduisante. Un bon exemple d'un profil Twitter bien personnalisé est celui de Cadbury World:

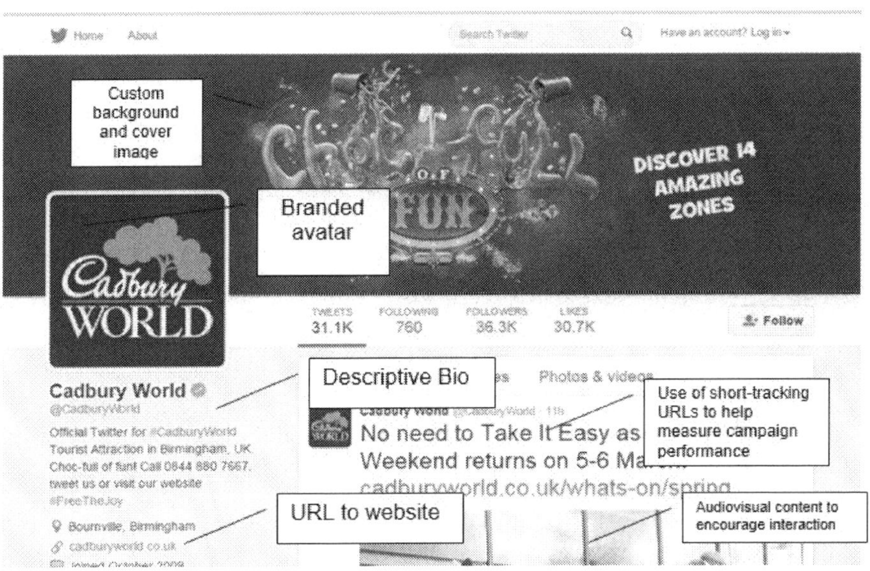

Facilitez le Suivi de votre Profil Commercial

Si votre profil Twitter est complet, vous devriez créer des opportunités de recruter des abonnés en vous assurant d'interconnecter vos interfaces réseaux – blog, site web, profils sur les médias sociaux – avec votre compte Twitter.

A minima, vous devriez intégrer le bouton de suivi Twitter sur la page d'accueil de votre site, de votre blog et de votre page de profil web. Pour améliorer votre présence en ligne, vous devriez aussi ajouter un lien vers votre compte dans la signature de vos mails ainsi que dans la section profil de vos autres comptes de médias sociaux.

Construisez une Stratégie de Contenu pour Soutenir votre Stratégie Twitter

De nombreux business ont déjà fait usage de Twitter pour faire croitre leur base de abonnés, leur business et générer des contacts commerciaux. La principale raison à cela est que ces business s'efforcent de développer du contenu visant à faciliter la vie de leur audience. En développant et partageant du contenu qui pourrait aider votre audience à améliorer leur quotidien, vous pouvez gagner sa confiance.

C'est pourquoi, en ce qui concerne Twitter, vous devriez vous concentrer en premier lieu sur le développement de contenus utiles tels que des livres électroniques, des présentations, des infographiques et des posts de blog que votre audience est susceptible de trouver intéressants ou valorisables.

Les posts Twitter sont comme des joyaux digitaux qui peuvent diriger vos abonnés Twitter vers du contenu plus élaboré, par exemple à télécharger en contrepartie du remplissage d'un formulaire. Votre business peut aussi diriger votre trafic vers des pages susceptibles de convertir vos visiteurs en clients potentiels.

Faute de développer du contenu ciblé sur les problèmes de votre audience, vous n'aurez pas d'intérêt à faire de publicité ou à être présent sur Twitter. Il vaut mieux commencer par se concentrer sur votre contenu général ainsi que sur votre stratégie pour générer des clients potentiels. Ensuite vous pouvez faire quelques ajustements pour adapter le message à Twitter.

Évitez d'être Trop Pressant

Si vous ne parlez que de ce que vous vendez, votre image en tant que société risque de ne tourner qu'autour de l'argent.

Il existe deux moyens de générer des clients potentiels : directement et indirectement.

Par la méthode directe, vous pouvez générer des prospects en partageant du contenu qui redirige vers la page d'accueil de votre site sur laquelle se trouve un formulaire de contact. Selon cette stratégie, vous pouvez partager la page d'accueil pour offrir du contenu téléchargeable tel que des checklists, des maquettes, des livres blancs et des livres électroniques.

Par la méthode indirecte, vous pouvez générer à terme des clients potentiels après partage de contenus intéressants non soumis à un remplissage de formulaire. Selon cette stratégie, vous pouvez partager du contenu de tiers, des vidéos, photos, posts de bogs, des retweets et des réponses directes @.

Notez que la clé pour générer des pistes sur Twitter est de diversifier votre contenu pour l'aligner sur des objectifs annexes à la croissance des ventes ou à la génération de prospects.

Établir des objectifs non directement commerciaux tels que développer l'engagement des clients, leur satisfaction, la notoriété de la marque et le buzz en ligne sont tout aussi importants que la génération de clients potentiels. Ces objectifs sont considérés comme les pierres angulaires de votre besoin : la croissance du business.

Si vous ne publiez de Tweets que pour promouvoir la souscription à votre offre d'essai, l'obtention d'un échantillon produit ou le bénéfice d'une réduction, il y a de bonnes chances de lasser vos abonnés.

Ce qui suit a fait ses preuves :

- 80 à 90% des Tweets devraient offrir un contenu de valeur aux yeux de votre audience ;

- 10 à 20% des Tweets devraient pousser plus directement à la vente.

Même si votre business est orienté B2B (ciblé vers des sociétés), votre audience est néanmoins composée de personnes physiques, et c'est pour eux que vous devriez développer votre contenu. Ainsi, vous devriez publier du contenu varié, consacré à l'offre de valeur ajoutée comme la formation ou le divertissement.

Faites Ressortir Vos Tweets

Bien que Twitter soit restreint à 140 caractères, vous disposez de leviers pour faire ressortir vos messages.

Par exemple, vous pouvez utiliser des photos, des vidéos ou du contenu Vine pour attirer l'attention vers votre contenu de prospection de clientèle. Vous devez travailler avec votre équipe graphique au développement de visuels attractifs ou embaucher un designer graphique indépendant pour créer des visuels pour vos Tweets.

De nombreux business ont constaté une remarquable croissance du taux de conversion moyen après avoir commencé à utiliser des photos dans leur Tweets en même temps que des adresses URL courtes menant à une page d'accueil.

Il est recommandé d'ajouter une image tous les trois ou quatre Tweets pour les mettre en évidence sur le fil ainsi que sur la page profil de votre société. Une autre manière efficace de pimenter vos Tweets et d'améliorer la génération de prospects passe par les Lead Gen Cards au sujet desquelles on vous en dira plus un peu plus loin.

Pour résumer, le contenu visuel peut affecter significativement votre marketing Twitter, particulièrement les clics, la conversion et l'engagement. Ainsi, il est mieux d'intégrer des illustrations, des Vines, des vidéos ou des GIFs à vos Tweets.

Développez Votre Rayonnement par de la Publicité Twitter

Faire de la pub sur Twitter est un moyen fantastique de vous assurer que votre contenu ira au devant d'une audience large. Toutefois, vous devez combinez cela avec une stratégie de contenu organique solide. Vous ne devriez pas dépendre uniquement sur des solutions de paiement au clic pour paramétrer votre génération de clientèle. Mais lorsque vous disposez d'un flux fiable de contenu intéressant, vos Tweets pourraient vous aider à atteindre les bons prospects s'ils parcourent votre fil Twitter.

Vos Prospects Idéaux sont peut être sur Twitter

Mais la question est de savoir si ceux-ci vous suivent. Regardez : ceux qui vous suivent sur Twitter vous connaissent déjà mais cela ne signifie pas qu'ils mettront la main à la poche à l'avenir. Tout en attirant des milliers de followers, il se peut que seule une petite portion de ceux-ci ait vraiment le besoin et la capacité de commander chez vous. C'est pourquoi il est plus intéressant pour vous de payer Twitter pour atteindre le marché correspondant à votre cible par des Tweets promus.

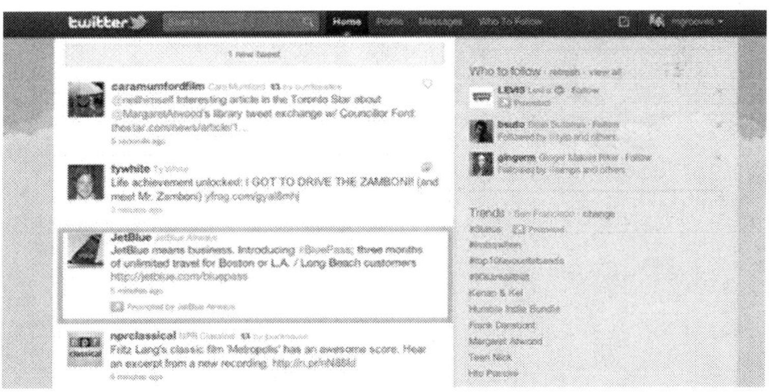

En payant Twitter et en utilisant la mise en avant de Tweets, vous pouvez augmenter les chances de consultation de vos Tweets par vos

prospects. Mettons que vous ayez besoin d'accroitre votre exposition, par exemple pour un Tweet particulier concernant une offre ou une campagne marketing à promouvoir. Ou que vous ayez besoin d'ajouter du poids virtuel à un de vos évènements à venir. Par ces Tweets promus, vous pouvez vous assurer que votre message apparaitra en différents endroits de la plateforme de média social que vous n'auriez peut-être par envisagés.

Où se trouvent précisément les Tweets promus ? Ils sont généralement situés aux endroits suivants :

- en haut de pages de résultats de recherche pertinents
- au sein des résultats de recherche pour une tendance mise en avant
- dans des Tweets épinglés pour des pages de profil améliorés
- sur le fil Twitter des utilisateurs
- chez les clients officiels, sur ordinateurs et mobiles
- dans des applications Twitter externes telles que Buffer et HootSuite.

En attendant, vous pouvez cibler votre audience par mots-clés, centres d'intérêt, noms d'utilisateur et plateforme ou type d'appareil.

Dans le ciblage par mots-clés, vous pouvez atteindre des utilisateurs utilisant les mots-clés dans leurs Tweets récents ainsi que les Tweets récemment consultés.

En ciblant les centres d'intérêts, vous pouvez restreindre votre audience à plus de 350 catégories d'intérêts comme la formation, l'alimentation et les boissons, la maison et le jardin, etc. Les catégories principales sont sous-divisées en sous-sections visant à cibler très précisément les intérêts des utilisateurs.

Le ciblage des noms d'utilisateurs est unique à Twitter. Cette capacité vous permettra de cibler certains noms en lien avec votre offre, évènement, service ou produit que vous souhaitez promouvoir pour atteindre des utilisateurs aux intérêts similaires à ceux du pseudo du follower. Notez toutefois qu'il n'est pas possible de cibler spécifiquement les followers du pseudo concerné.

Enfin, vous avez la possibilité de vous adresser à une catégorie d'appareils donnés tels que les ordinateurs de bureau, portables, iOS, Android, Blackberry et autres équipements mobiles. Assurez-vous simplement que votre page d'accueil est optimisée pour mobiles avant de cibler les plateformes mobiles.

Règles d'Utilisation des Tweets Promus

1. Commencez par sélectionner une offre ou une campagne à promouvoir que votre audience cible appréciera

2. L'objet devra être clair et concis. N'utilisez pas trop de hashtags ou de texte afin de ne pas détourner les lecteurs d'un clic sur le lien.

3. Le lien doit diriger l'utilisateur vers une page depuis laquelle l'utilisateur peut accéder à l'offre.

4. La page de destination doit avoir un titre et une méta description optimisée et offrir à votre audience un aperçu plus complet de la valeur ajoutée de l'offre.

Souvenez-vous que ceux qui vous suivent sur Twitter peuvent ne pas être les meilleurs prospects pour vos produits et services. La meilleure façon de décrocher des clients passe par des publicités ciblées sur Twitter.

Essayez d'Utiliser les Twitter Lead Gen Cards.

En développant un Tweet, vous avez accès sous les posts à un contenu multimédia appelé Twitter Card. Une Lead Gen Card est un type de carte Twitter qui permet d'entrer en contact avec des clients potentiels directement dans le Tweet en échange d'une offre telle qu'un document eBook offert :

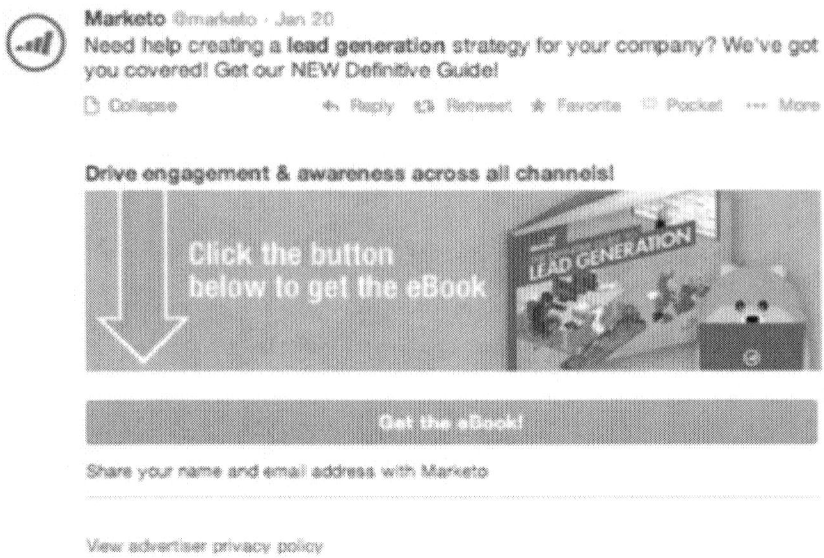

Un avantage des Lead Gen Cards est que les informations des utilisateurs telles que leur pseudo Twitter, leur nom et leur adresse email sont automatiquement transférées dans la Card. Les utilisateurs n'ont qu'à cliquer sur un bouton (ici : Télécharger l'eBook) pour saisir leurs informations. Celles-ci seront basculées vers une plateforme CRM intégrée à Twitter.

Il y a quatre éléments dont vous avez besoin pour construire une Lead Gen Card :

1. L'offre – assurez-vous qu'elle soit intéressante

2. Un contenu visuel – assurez-vous qu'il est attractif et intéressant

3. Une description rapide – donnez un aperçu rapide des bénéfices que les utilisateurs peuvent retirer en vous soumettant leurs informations

4. Le passage à l'action – choisissez une accroche brève

En utilisant les Lead Gen Cards, vous vous assurez non seulement que les prospects verront les Tweets promus, mais aussi qu'ils saisiront leurs informations.

Veillez sur votre Performance Grâce aux Outils Twitter Analytics.

En utilisant Twitter pour promouvoir votre business, il est important de déterminer quels indicateurs comptent et de choisir une plateforme d'analyse.

Les objectifs de votre business déterminent ce que vous devez mesurer, ce qui vous permet de définir le type de plateforme d'analyse à utiliser. Notez que Twitter utilise sa propre plateforme d'analyse et que celle-ci est ouverte aux utilisateurs. En utilisant des outils d'analyse, vous pouvez suivre la croissance, l'engagement et la qualité des followers. Vous pouvez aussi mesurer la portée de vos Tweets, la performance de vos Twitter Cards, des Tweets promus et du trafic web généré par les Tweets.

Toutefois, notez que toutes les plateformes d'outils analytiques ne se valent pas. Si vous souhaitez comparer votre performance sur Twitter par rapport à d'autres réseaux sociaux, voir combien de clients et prospects vous générez ou comparer votre performance avec vos objectifs, vous pouvez utiliser des outils existants dédiés à la gestion et à l'analyse des médias sociaux.

Recrutez et Impliquez vos Abonnés

Une augmentation régulière du nombre de vos abonnés sur Twitter est un bon indicateur du succès de votre stratégie. Ne focalisez pas toutefois tous vos efforts sur le recrutement de nouveaux abonnés. Rappelez-vous qu'avoir un million de abonnés est inutile si seulement 10 d'entre eux interagissent régulièrement avec vos Tweets. Vous devriez vous focaliser sur le recrutement de abonnés particuliers : ceux qui présentent un intérêt spécial pour votre marque, qui peuvent aider à étendre le rayonnement de vos Tweets et convertir vos abonnés en relais de la marque voire en consommateurs réels.

Au-delà des stratégies et méthodes pour gagner de nouveaux abonnés vues dans ce chapitre, le meilleur conseil que je peux vous offrir est d'être patient et de coller à vos plans. Vous ne pouvez pas espérer recruter un million de abonnés en quelques jours. De même que sur toute plateforme de média social, votre succès sur Twitter requiert de l'implication et de la capacité à prendre des risques, ainsi que de la flexibilité pour adapter votre stratégie en apprenant de vos campagnes.

Comment Publier des Tweets Susceptibles d'Attirer l'Attention et Stimuler l'Implication

Notez que Twitter est une plateforme de media social d'évolution rapide. Ainsi, vos Tweets doivent être réguliers et attractifs afin d'encourager vos abonnés à les partager et à interagir avec. Ceci augmente les chances de recruter de nouveaux abonnés.

Il est primordial d'avoir une stratégie de publication de contenu bien définie. Vous devez voir votre profil Twitter avec le regard d'un client potentiel. Quel type de contenu va vous inciter à cliquer sur « Suivre » ? Bien sûr, des messages promotionnels qui à l'évidence sont des discours commerciaux ne vous attireront pas de faveurs. Notez bien que beaucoup d'utilisateurs de Twitter utilisent cette plateforme pour le loisir, pour s'informer et pour entrer en contact avec des personnes aux intérêts communs.

Chaque jour, prêtez attention pendant 10 minutes aux conversations de vos abonnés et joignez-vous à l'échange si vous avez quelque chose d'intéressant à ajouter.

Assurez-vous de partager du contenu pertinent et utile, qui saura également aiguiser l'intérêt de votre audience. Comment votre business améliorera-t-il la vie de vos abonnés ? Mettez l'accent sur ce concept et utilisez-le dans le développement de votre contenu pour Twitter.

Un leadership bien pensé et du contenu stimulant sont deux éléments créateurs de valeur pour vos abonnés présents et futurs :

Un leadership Bien Pensé

Pour des domaines tels que l'éducation supérieure, l'immobilier et les services financiers, être perçu comme fiable et crédible est un facteur essentiel de succès. Cela prend du temps de gagner la confiance des followers ayant un intérêt pour votre business. Selon certaines études, des Tweets qui aident à améliorer la vie des gens, l'expertise apparente ou qui chahutent les idées reçues peuvent aider à décrocher de nouveaux followers en recherche de conseils sur Twitter.

Par exemple, une agence de conseil en finances personnelles peut se servir de Twitter pour offrir du contenu de valeur et une perspective d'amélioration de la santé financière des followers. De même, vous pouvez développer du contenu ciblé sur les préoccupations de vos followers en apportant une solution aux problèmes qu'ils rencontrent.

Du Contenu Stimulant

Vous pouvez partager des Tweets portant sur un mode de vie stimulant et offrir des conseils et instructions sur la manière d'atteindre le succès. Des conseils sur le style, le bricolage, des recettes, etc. sont typiquement de bons exemples de contenus stimulants.

Par exemple, les magasins de mode en ligne peuvent présenter leurs produits à côté de conseils provenant de stylistes reconnus sur Twitter. Tout en montrant les produits disponibles, cette pratique peut également développer l'image de marque de la société comme source de conseils stylistiques en ligne.

Utilisez des Images dans vos Tweets

D'après des études menées par Twitter même, les Tweets avec images génèreraient 313% d'engagement supplémentaire par rapport aux Tweets sans image. Bien sûr, un engagement plus important signifie un rayonnement plus grand, ce qui est une chance de recruter de nouveaux abonnés.

Pour utiliser des images, le mieux est de les charger sur Twitter. Ceci est faisable sur pic.twitter qui publie directement sur votre timeline. Si vous Tweetez une adresse web pointant sur une image Instagram, elle sera vue sous forme de texte et l'effet ne sera pas le même. Utilisez plutôt des applications tierces telles que Buffer ou Hoot Suite pour échelonner vos posts sur Twitter et autres profils média de votre business.

Chapitre 4 - Stratégies de Marketing pour SnapChat

Si vous débutez dans l'utilisation des médias sociaux pour les entreprises, vous vous interrogez peut-être toujours à propos de SnapChat. Il est inutile de vous inquiéter. SnapChat n'est pas pour tout le monde, et n'est donc pas considéré comme la prochaine grande nouveauté dans le monde des médias sociaux. Toutefois, cela ne signifie pas que vous ne pouvez pas utiliser cette application sociale mobile, surtout si vous voulez faire connaître votre entreprise d'une façon créative.

Qu'est-ce Que SnapChat?

SnapChat est une application de messagerie photo mobile qui vous permet de prendre des «snaps» (photos ou vidéos), que vous pouvez envoyer à d'autres utilisateurs de SnapChat. Cependant, vous ne pouvez voir ces snaps que pendant 10 secondes maximum. L'utilisateur ne peut voir le snap que pendant 10 secondes ou moins. Après cette période, SnapChat supprime le snap **définitivement**. Aucune trace numérique n›est laissée.

Voulez-vous envoyer un message rapide que vous êtes sur le point d›arriver à la maison, mais vous ne voulez pas encombrer le flux du téléphone de votre maman? Vous pouvez lui envoyer un snap. Depuis sa récente mise à jour, SnapChat peut maintenant vous permettre de discuter, chatter, et appeler vos contacts en vidéo.

Si vous envisagez d›utiliser SnapChat pour une entreprise, mais vous avez besoin de données chiffrées solides pour établir votre plan, vous pouvez trouver ces chiffres utiles :

- Le nombre d›utilisateurs de SnapChat aux États-Unis est de 26 millions environ.

- 77% des étudiants utilisent SnapChat chaque jour
- 70% des utilisateurs de SnapChat sont des femmes
- 58% des étudiants sont susceptibles d›acheter un produit ou service d›une marque si elles sont envoyées par des offres promotionnelles sur SnapChat

Pouvez-Vous Utiliser SnapChat Pour le Marketing De Votre Entreprise ?

Certes, SnapChat n›est pas la nouvelle application sociale la plus populaire pour les marketeurs en ligne. Cependant, vous pouvez toujours tester cette application et le plus souvent, ceux qui expérimentent au plus tôt peuvent bénéficier des meilleurs résultats. Par conséquent, avec une certaine créativité, vous pourriez vous attendre à que SnapChat soit bénéfique pour votre entreprise.

La promotion de 16Handles en est un bon exemple, une boutique de yaourt glacé en Nouvelle-Angleterre. Dans leur campagne SnapChat du Nouvel An, 16Handles ont incité leurs fans à se prendre en snap tout en dégustant leur yaourt et à l›envoyer au compte officiel de 16Handles. Ensuite, le compte a envoyé des snaps à un moment donné avec les coupons personnalisés.

La campagne de 16Handles **était** très créative. Comme vous le savez déjà, les snaps ne durent que 10 secondes lorsque vous les ouvrez. Les utilisateurs ont attendu avec impatience avant d'obtenir leur prochain yaourt glacé dans les magasins pour connaître la valeur de leur coupon, variant de 10% à 100%. Par conséquent, les clients savaient qu›ils allaient obtenir une réduction. Cependant, ils ont dû accéder à SnapChat pour savoir le pourcentage de réduction qu'ils avaient obtenu. C›est une campagne de marketing innovante à la fois pour encourager vos clients à acheter et exprimer votre amour pour vos clients existants.

Idées de Marketing pour SnapChat

Si vous êtes toujours bloqué, voici quelques stratégies que vous pouvez mettre en place pour tester SnapChat pour votre entreprise. Cependant, vous devez accepter le fait que si cet outil ne fonctionne pas, il n'y aura aucun effet.

En utilisant un nouveau réseau de médias sociaux tel que SnapChat, vous devez créer des tests rapides et peu coûteux. Si le coût d'un telle expérience est minime, un échec ne sera pas une préoccupation majeure. S›il y a des signes qui indiquent que le réseau social pourrait être utilisé pour votre entreprise, alors vous pouvez investir davantage de ressources pour vérifier si vous pouvez le développer.

Voici quelques idées de marketing que vous pouvez tester pour votre entreprise :

1. Offrez un aperçu de vos nouveaux produits

Vous êtes sur le point de lancer une nouvelle ligne de produits ou de services que vos clients adoreront ? Suscitez leur enthousiasme et publiez un snap de 10 secondes de l'aperçu de votre produit ou service. Cela peut démarrer un véritable buzz s›ils ont plus de temps pour penser à vos produits et même de créer du contenu autour de votre nouveau produit.

2. Diffuser les événements des coulisses

Travaillez-vous sur une nouvelle vidéo promotionnelle ? Offrez à vos fans un court aperçu de ce qui est à venir ou au moins sur la façon dont vous travaillez dans les coulisses. Vous pouvez également diffuser une séquence tournée dans les coulisses, et vous pouvez inciter votre public à deviner le contenu de la vidéo en utilisant également d›autres plateformes de médias sociaux (Twitter et Facebook). Avec cela, vous pouvez lier vos snaps en utilisant un hashtag pour suivre à quel point vos fans sont vraiment connectés avec le contenu.

3. Offrir un coupon personnalisé

Tout comme 16Handles ci-dessus, vous pouvez également envoyer à vos clients un coupon personnalisé qu›ils peuvent utiliser lors du paiement. Cela pourrait les amener à consulter la boutique en ligne et vous pouvez les inciter à acheter, avec impatience ce qui est en magasin. Veillez à offrir une véritable remise ou promotion ; au moins 5% de réduction, car un coupon «réessayer» peut être décevant.

4. Connectez-vous avec vos participants à l›événement grâce à des snaps exclusifs

Si vous parrainez un événement, hébergez un webinaire, ou lancez une fête exclusive, vous pouvez utiliser SnapChat pour fournir à vos participants des informations privilégiées qu›ils ne peuvent obtenir ailleurs. Par exemple, si vous parrainez un événement, vous pouvez utiliser cette application mobile pour leur envoyer des informations en temps réel. Cela peut faire que vos clients se sentent comme des VIPs.

Chapitre 5 - Stratégies de Marketing pour LinkedIn

Avec plus de 200 millions d'utilisateurs dans le monde entier, environ trois millions de sociétés enregistrées avec les Pages LinkedIn et des professionnels s'inscrivant à raison de deux nouveaux membres chaque seconde, LinkedIn est considéré comme la chambre mondiale du commerce. Il est essentiel d'inclure LinkedIn dans vos campagnes de marketing des médias sociaux.

Les Pages d'Entreprises LinkedIn peuvent offrir à votre marque une façon plus efficace d'améliorer les relations avec votre marché cible présent dans LinkedIn. Avec l'objectif de ce réseau social basé sur le contenu pertinent, les Pages d'Entreprises peuvent fournir aux entreprises une gamme d'outils pour un marketing plus efficace.

Avec ses membres influents et prospères, LinkedIn présente un grand potentiel démographique pour votre marketing. Vous pouvez trouver des personnes qui sont connectées à une entreprise spécifique, ou différents types d'entreprises pour lesquelles un prospect a travaillé dans le passé. Par conséquent, si vous voulez vous connecter avec des acteurs importants de votre secteur d'activité et obtenir plus de prospects pour votre entreprise, il est conseillé d'inclure LinkedIn dans votre stratégie de médias sociaux.

Dans ce chapitre, vous apprendrez les bases d'utilisation de LinkedIn pour votre entreprise.

Pourquoi Utiliser Les Pages d'Entreprises LinkedIn Pour Votre Marketing Des Réseaux Sociaux ?

Voici les quatre raisons pour lesquelles vous devriez utiliser LinkedIn pour promouvoir votre entreprise :

1. **Élargir Votre Champ d'Action**

Sans faire trop d›effort pour le développement de votre marque sur LinkedIn, il y a une forte chance que la plupart de vos employés aient déjà mis à jour leurs profils personnels et inclus le nom de votre entreprise comme un lieu où ils travaillent.

Un grand nombre d›utilisateurs peut trouver votre entreprise en ligne facilement en naviguant sur LinkedIn. Les aperçus des entreprises peuvent être constitués en fonction des informations que vous avez fournies. Vous pouvez utiliser vos employés comme un atout pour promouvoir votre entreprise.

En cliquant sur l›icône du lieu de travail d'un profil particulier, vous accéderez directement à la Page de l›Entreprise. Vous pouvez également passer la souris sur l›icône de l›entreprise sur le profil pour obtenir un aperçu de l›information de l›entreprise. LinkedIn peut obtenir cette information dans la section A propos de Nous de votre page, veuillez donc vous assurez que vous avez bien ajouter ces informations lorsque vous créez votre page.

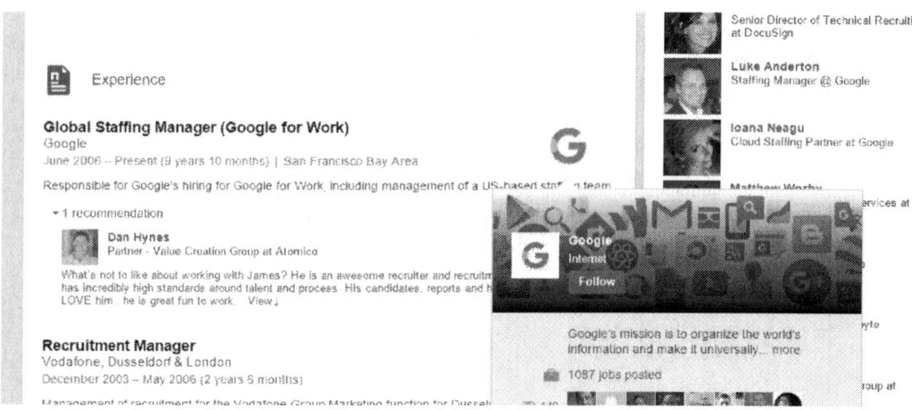

2. Améliorer la Notoriété de la Marque et du Produit

Les Pages d'Entreprises LinkedIn ont une section où vous pouvez discuter de produits sp**écifiques. Même si vous pouvez développer une page d'entreprise Facebook pour pouvoir discuter de votre gamme de produits et voir lesquels sont populaires p**armi vos amis, LinkedIn peut encore affiner ce champ et vous permettre d›inclure plusieurs produits avec des descriptions et des images, de sorte que chaque produit soit mis en valeur.

Avec cette fonctionnalité, vos prospects peuvent en apprendre davantage sur vos produits et services et ils peuvent voir combien d›utilisateurs les recommandent. Ce niveau de notoriété pour un produit est difficile à développer et l'avantage est que vous puissiez la mesurer sur LinkedIn.

3. LinkedIn est Optimisé pour les Moteurs de Recherche

Les jobs LinkedIn peuvent apparaître dans les résultats de recherche, ainsi que sur Twitter. En développant votre propre Page d›Entreprise LinkedIn, vous pouvez augmenter considérablement votre visibilité en ligne. LinkedIn est aussi un moteur de recherche puissant si vous êtes à la recherche d›un emploi et d›entreprises pour travailler. Donc, si vous n›êtes pas encore sur LinkedIn, vous pourriez manquer des opportunités de vous connecter avec des prospects ou clients potentiels.

4. LinkedIn peut vous aider à trouver davantage de prospects

Vous pouvez **également utiliser LinkedIn pour** trouver davantage de prospects. La fonctionnalité des Mises à jour d›Entreprise vous permet de créer un lien vers votre contenu, qui attire alors des prospects intéressés cherchant des ressources utiles. En outre, la page des Produits de LinkedIn a une fonction «Appel à l›Action».

Les Pages d'Entreprises LinkedIn 101

Dans le marketing de votre entreprise, la Page d'Entreprise LinkedIn peut être un excellent moyen de mettre en valeur vos produits et vos services, partager l›histoire de votre marque, trouver des prospects, vous connecter avec votre marché cible, et publier des offres d›emploi.

D›autre part, pour votre public cible, les Pages d›Entreprises LinkedIn sont un espace idéal pour la recherche de produits et services et s›informer des opportunités de travail, des mises à jour du secteur d'activité, et de l›actualité de l›entreprise.

Maintenant, étudions les éléments d›une Page d›Entreprise LinkedIn. Dans la Page d›Entreprise LinkedIn, vous pouvez trouver ce qui suit :

- Accueil
- Carrières
- Produits
- Aperçu des Relations
- Aperçu de Page
- Aperçu des Employés

Nous les détaillerons un par un.

La Page d›Accueil est un élément crucial de LinkedIn car elle peut fournir une bonne première impression. Quel est le nom de votre entreprise ? Pourquoi votre entreprise est-elle importante ? Qui a fondé votre entreprise et quand ?

Mise à part la section A propos de Nous, l›onglet d›Accueil comprend également les nouveaux employés, les offres d›emploi, et les mises à jour des entreprises. Ce flux est la manière pour votre marque de partager les mises à jour importantes avec votre public.

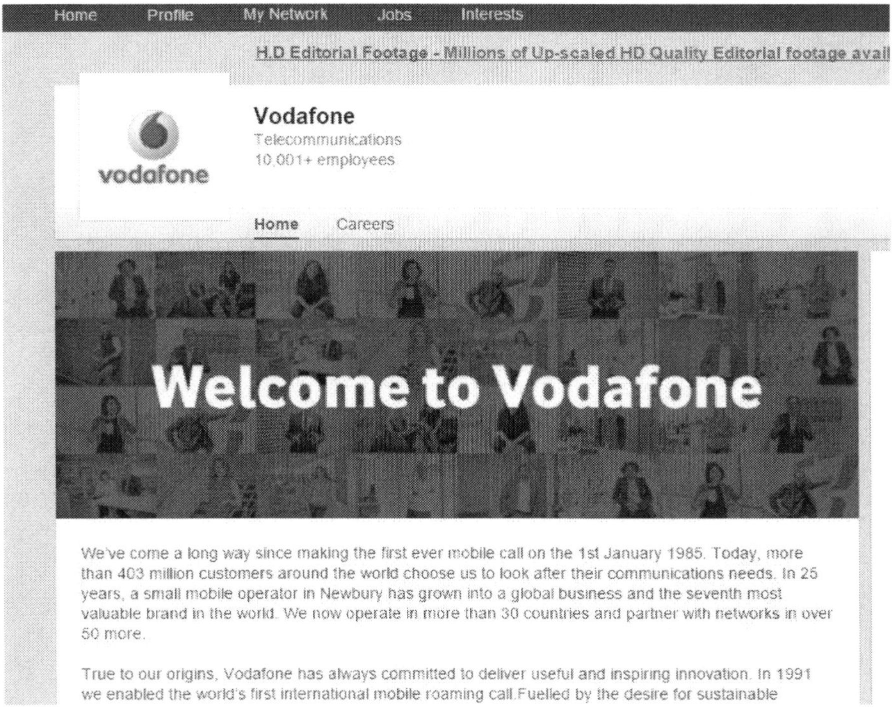

L'Image de Couverture

L'image de couverture est la première chose que l'utilisateur voit quand il visite votre page d'entreprise. Vous pouvez utiliser l'image de couverture pour partager une mise à jour importante de l'entreprise comme une prochaine conférence. Veuillez observer l'image de couverture de la Page d'Entreprise LinkedIn d'Amazon.

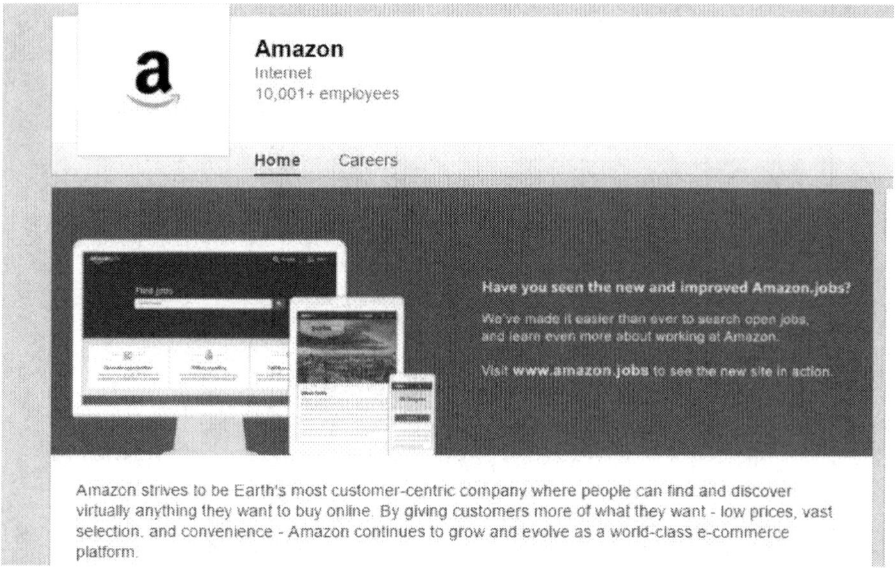

Les Mises à Jour de l'Entreprise

Une fois que vous ouvrez une session en tant que l'administrateur de votre Page d'Entreprise, vous verrez une fenêtre où vous pouvez poster des mises à jour. Les personnes verront ces posts dans le flux des mises à jour récentes servant comme le moyen pour votre entreprise de partager des messages importants avec votre public. Le contenu affichera un lien vers le site ce qui vous aidera à obtenir davantage de prospects et développer votre entreprise.

Vous devriez essayer de cibler vos mises à jour à un certain groupe de personnes en fonction de leur secteur d'activité, leur ancienneté, la taille de l'entreprise, la fonction et la situation géographique.

Il est toujours possible de joindre un lien à vos posts. Si vous souhaitez inclure un extrait de contenu ou un article, vous pouvez joindre le lien dans la fenêtre du post et attendre la prévisualisation. Lorsque l'aperçu apparaît, vous pouvez supprimer le lien à partir de la fenêtre et vous pouvez commencer à rédiger vos commentaires.

Vous verrez également qu'il y a une option pour inclure une photo située sous les options de ciblage. Si vous laissez cette case non cochée, l'image de l'aperçu disparaît lorsque vous publiez.

LinkedIn fournit également des indicateurs pour vos posts. Exactement 24 heures après avoir partagé le post, vous commencerez à voir plusieurs indicateurs en gris. Ces paramètres indiquent le nombre de participation, de clics et d'impressions. Ces indicateurs sont situés sur la partie inférieure gauche de la mise à jour sous l'aperçu de l'image.

Semblable à Facebook et Twitter, il est préférable de susciter l'intérêt de votre public. Assurez-vous de maintenir le dialogue en commentant et aimant les mises à jour. LinkedIn a même amélioré sa plateforme de sorte à ce que vous puissiez maintenant interagir avec votre public en utilisant le nom et le logo de l›entreprise à la place de votre profil personnel LinkedIn.

A propos de Nous

LinkedIn a une possibilité d'image de couverture impressionnante. Cependant, quand les Pages d'Entreprises ont été lancées, il y avait la section A propos de Nous qui montrait le résumé de l'entreprise. Au cours de la refonte, la section A propos de Nous a été déplacée dans la dernière section de l'onglet Accueil, sous la page des Mises à jour de l'Entreprise. Par conséquent, les visiteurs qui exploreront votre page vont d'abord voir l'image de couverture, puis les mises à jour, et ils descendront ensuite pour trouver plus d'informations. Donc, vous devez vous assurer que l'image de couverture soit attrayante.

Carrières

Cette fonctionnalité de LinkedIn nécessite un abonnement payant. La Page Carrières est cruciale si vous voulez être l'entreprise pour laquelle tout le monde aimerait travailler. Vous devez inciter votre public à prendre connaissance de la culture de votre entreprise, ainsi que les opportunités de travail disponibles.

Dans le Page Carrières, vous pouvez choisir de mettre en valeur vos récompenses, montrer les parcours de carrière dans votre entreprise, présenter vos meilleurs employés, publier des offres d'emploi, en trouvant les bonnes personnes à travers la mise en correspondance automatique des carrières.

Grâce à la Page Carrières, vous pouvez toucher des millions de professionnels du monde entier. Vous aurez également la possibilité de savoir précisément qui a accédé à vos posts d›offres d›emploi grâce à des analyses en temps réel.

Déterminez les degrés de comptabilité des candidats avec votre offre d'emploi en fonction du score standard, puis investiguez davantage sur ces candidats en consultant leurs relations.

Produits

L'onglet Produits est un espace extraordinaire pour recueillir des recommandations ainsi que mettre en valeur ce que vous vendez. Cet onglet est particulièrement important, car il permet de générer du trafic vers vos produits ainsi que vos services et finit par générer des ventes.

Selon une recherche, environ 70% des personnes consultent les liens envoyés par leurs amis et la famille. C'est la raison pour laquelle les recommandations LinkedIn existent. Les utilisateurs de LinkedIn auront la possibilité de voir les recommandations des membres de confiance, ainsi que celles de leurs relations. Cette possibilité ajoute une touche plus personnelle à vos produits, c'est quelque chose que vous ne pourrez pas obtenir avec un site web.

L'image de couverture de l'onglet Produits est un bon emplacement pour un appel à l'action. L'optimisation de l'image de la page vous permettra de tirer le meilleur parti de cet espace. Par conséquent, il est préférable d'utiliser une image de haute résolution avec une petite taille de fichier pour maintenir un temps de chargement minimum.

Aperçu de Page

L'Aperçu de Page vous permettra de surveiller le nombre de pages consultées ainsi que les visiteurs uniques sur toutes les pages et pour chaque onglet. LinkedIn vous permettra également de mesurer le nombre de clics reçus sur les produits et services ainsi que le nombre de membres qui suivent votre entreprise. L'Aperçu de Page peut vous aider à connaître les données démographiques de vos visiteurs et vous aidera à suivre la quantité de trafic que vous dirigez à votre site web.

Vous pouvez accéder à cette page depuis l'onglet d'accueil lorsque vous passez la souris sur le menu d'édition et cliquez sur Voir l'Aperçu de Page. Quand vous êtes dessus, vous pouvez voir un tableau de bord d'analyse tels que les données démographiques des visiteurs, les pages consultées, les clics reçus dans les onglets Carrières et Produit.

Afin d'explorer les paramètres du bas de la page, vous pouvez cliquer sur les rapports dans le tableau de bord. A l'intérieur du rapport, vous pouvez affiner les visiteurs en fonction de leur secteur d'activité, l'ancienneté, la région, la fonction, la taille de l'entreprise, le statut de l'employé.

Apercu des Relations

L'onglet des statistiques des relations vous permettra de voir la participation pour les mises à jour de l'entreprise, les impressions des mises à jour de l'entreprise, les données démographiques des relations et leur activité, qui comprend les nouveaux membres, les nouvelles relations, et les utilisateurs récents.

Comme pour l'onglet d'Aperçu de Page, il vous dirigera vers le tableau de bord avec les indicateurs sur la participation des relations. La section d'analyse vous permettra de suivre vos campagnes de marketing pour la Page de l'Entreprise.

Aperçu des Employés

Arrivé à ce stade, vous en savez maintenant un peu plus sur les visiteurs et les relations de votre page. La prochaine **étape** est d›en apprendre davantage sur ce qui fait fonctionner votre entreprise. Grâce à LinkedIn, vous pouvez en savoir plus sur les personnes qui peuvent aider votre entreprise à atteindre ses objectifs.

Grâce à l›Aperçu des employés, vous connaîtrez précisément l›emploi antérieur des candidats, leurs compétences et leur expertise, et lesquels ont reçu les meilleures recommandations.

Cinq Étapes dans la Création de votre Page d'Entreprise

Parmi les différentes plateformes de médias sociaux que vous pouvez utiliser pour votre entreprise, votre Page d'Entreprise LinkedIn est celle qui exige le plus de professionnalisme. Ce réseau appelle à un ton commercial et il doit être utilisé afin de représenter efficacement l'entreprise. Voici les étapes de création de votre profil LinkedIn pour votre entreprise.

1. Ajouter les informations de base

Allez sur la page de l'entreprise et choisissez Modifier sur la droite. A partir de là, LinkedIn vous permettra de fournir les informations de base sur votre entreprise. Assurez-vous de bien rédiger la description parce qu'elle sera essentielle pour comprendre votre activité. Ne pas oublier d'inclure les éléments suivants : la taille, le secteur d'activité, l'URL de votre site Web, l'état opérationnel, l'adresse, et l'année de création de l'entreprise.

L'étape suivante consiste à connecter la page à vos administrateurs de pages. Vous pouvez sélectionner plusieurs administrateurs dans la gestion de la page, mais d'abord il est important que vous ayez déjà un compte LinkedIn. Après cela, vous pouvez ajouter des images pour votre couverture, ainsi que le logo.

Vous devez également ajouter une brève description de votre entreprise. Cela montrera ce que fait votre entreprise exactement, en incluant les mots clés de recherche afin que vous puissiez optimiser la fonction de recherche de LinkedIn.

2. Publier des Mises à jour régulièrement

Si vous utilisez actuellement Facebook pour promouvoir votre entreprise, vous vous rendrez compte que les mises à jour des publications sur LinkedIn sont identiques. Les flux de l'entreprise ne se limitent pas aux nouvelles mises à jour concernant la localisation ou les offres d'emploi. Vous pouvez également promouvoir vos webinaires, vos ebooks, ou vos nouveaux posts de blog sur LinkedIn. Les flux doivent également inclure des sujets qui auront de l'intérêt ou de la valeur pour votre public.

En plus du contenu type, vous pouvez également publier des offres d'emploi dans le second onglet (Carrières) de la Page d'Entreprise.

3. Inclure des Produits ou Services

Allez dans l'onglet produits de la page de l'entreprise, puis cliquez sur le bouton Modifier pour accéder au menu déroulant, qui change d'un onglet à l'autre. Ici, vous aurez la possibilité d'inclure le produit ou service. Vous avez juste besoin de suivre les instructions en incluant des détails importants sur vos produits et services.

Voici les étapes à suivre :

- Sélectionnez un produit ou un service
- Choisissez une catégorie qui convienne à votre produit ou service
- Il est facile d'ajouter plusieurs produits et services pour votre entreprise. Sélectionnez-les d'abord à partir d'une liste aléatoire ou choisissez les produits les plus populaires correspondant au mieux à votre entreprise.
- Insérez une photo de votre produit ou service. Sélectionnez une image qui représente le mieux le produit ou service.
- Ajoutez la description du produit ou service. La description du produit ou service doit exprimer ce que vous voulez que vos utilisateurs apprennent sur votre produit ou service. Incluez aussi ce qui fait que votre produit ou service se démarque. Assurez-vous d'inclure des détails et une part de personnalité.
- Dressez la liste des principales caractéristiques du produit ou service. La liste de la section peut être utilisée pour inclure les principaux avantages ou vous pouvez également mettre en avant des cas de votre produit ou service. Vous pouvez également **énoncer** ici les garanties.

- Insérez une URL pour le produit ou service. Vous pouvez utiliser cette section pour connecter une page spécifique de votre site web où votre public cible pourrait en savoir plus sur un produit ou service particulier.

- Ajoutez un contact de votre entreprise. Si un membre souhaite poser des questions ou en savoir plus sur le produit ou service. Commencez par taper le nom des contacts. Vous devriez avoir un lien vers ce membre sur LinkedIn afin que vous puissiez les inclure.

- Si vous avez une vidéo YouTube sur votre produit ou service, vous pouvez l'insérer ici. Assurez-vous de mettre un titre créatif pour votre vidéo.

- Publiez ! Après avoir rempli toutes les informations, il ne vous reste plus qu'à cliquer sur le bouton de publication situé dans l'angle supérieur droit.

4. Apporter des Modifications aux Produits ou Services

Une fois que vous êtes sur la page Produits pour visualiser votre travail publié, allez dans l'onglet principal du produit et cliquez sur le bouton Modifier. Bien qu'à ce stade, vous devriez choisir Modifier la Page dans le menu déroulant.

Assurez-vous de créer différentes versions de la page du produit. LinkedIn peut cibler la page Produits pour différents segments de marché. Vous pourriez faire des versions de page qui pourraient toucher différents publics en fonction de leurs profils. Par exemple, vous pouvez créer une version ciblant vos prospects en Californie, et une autre version ciblant les membres qui sont en Floride.

Lorsque vous avez établi une version par Défaut, vous pouvez créer différentes versions en accédant à Nouveau Public. Nommez la cible, sélectionnez les profils cibles et puis cliquez sur les boutons Enregistrer et Quitter pour apporter des modifications à la page ciblée.

Assurez-vous de bien décrire ce que votre entreprise offre. Rédigez un titre créatif ainsi qu'une description donnant une vue d'ensemble sur votre entreprise, vos produits ou services. Vous pouvez vous procurer le logo instantanément à partir de la page d'aperçu.

Vous pouvez également générer du trafic vers votre site Web en incluant des URL vers les pages que vous souhaitez que les personnes visitent quand ils cliquent sur vos photos. Insérez jusqu'à trois photos et les URL. LinkedIn va automatiquement mettre les images en rotation sur la page. Il est idéal de coller l'URL dans bit.ly afin que vous puissiez suivre les clics. L'URL que vous collez dans le bit.ly doit inclure un code de suivi, afin qu'il soit facile de mesurer le nombre de prospects à l'aide du logiciel d'analyse.

5. Promouvoir par les Annonces LinkedIn

Les Annonces LinkedIn vous permettront de promouvoir la Page de l'Entreprise en utilisant une campagne publicitaire. Cette fonction est divisée en quatre étapes basiques que LinkedIn vous fait effectuer assez facilement. La fenêtre des questions communes apparaîtra également à droite, de sorte que vous puissiez facilement comprendre son fonctionnement.

Grâce à une campagne publicitaire LinkedIn, vous pouvez facilement promouvoir votre entreprise tout comme essayer de créer et d'intégrer des actions marketing de médias sociaux dans la plateforme commerciale.

Gérer votre Page d'Entreprise LinkedIn

À ce stade, vous devriez déjà avoir votre propre page d'entreprise. La prochaine étape consiste à gérer la page. Après avoir développé

la page, la maintenance sera facile. Ce n›est pas similaire à Twitter où vous avez besoin de tweeter plusieurs fois par jour pour assurer le suivi du public et maintenir un dialogue. Un post quotidien est suffisant pour LinkedIn.

En effet, si vous dépassez les trois posts par jour, vous publiez bien trop. Concentrez-vous plutôt sur la publication de contenu pertinent qui pourrait aider votre public. Si vous publiez un contenu qui peut aider votre public à travers leurs douleurs habituelles, ils seront plus actifs et reconnaissants de vos posts en comparaison à 10 contenus inutiles et ennuyeux.

Publier des mises à jour, suivre vos analyses, impliquer votre public ne vous prendra pas plus de cinq à 10 minutes par jour.

Chapitre 6 - Stratégies de Marketing pour Instagram

Si vous faites la promotion en ligne de votre entreprise et par le biais des réseaux sociaux, il y a de fortes chances que vous ayez déjà établi une présence sociale formidable pour générer des prospects, promouvoir des contenus précieux, et ravir continuellement vos clients à travers les réseaux sociaux dont nous avons discuté jusqu'à présent dans ce livre.

La prochaine étape est d'essayer Instagram. Avec environ 400 millions d'utilisateurs et plus de 800 millions de messages chaque jour, il est maintenant essentiel d'inclure Instagram dans vos efforts de marketing via les réseaux sociaux.

Il est crucial d'explorer l'expansion d'Instagram de la façon la plus adéquate pour votre entreprise; c'est la raison pour laquelle je l'ai inclus dans ce chapitre pour vous aider à apprendre à installer, développer et optimiser Instagram. Cette impressionnante plate-forme peut vous aider à attirer plus d'audience, gagner plus de prospects, convertir plus de prospects en clients, et continuer de développer votre marque.

Définissez vos Objectifs en Utilisant Instagram Pour votre Entreprise

Notez que dans l'utilisation de toute plate-forme de réseaux sociaux, la première étape consiste à définir vos objectifs. Voici plusieurs exemples d'objectifs que vous pouvez accomplir avec un compte d'affaires sur Instagram:

- Aimez-vous représenter vos clients? Peut-être que vous utilisez un magasin en ligne et que vous souhaitez utiliser Instagram comme une plate-forme en ligne pour mettre en valeur vos offres spéciales ainsi que partager une grande rétroaction des clients.

- Utiliserez-vous Instagram pour partager votre culture d'entreprise? Beaucoup d'entreprises utilisent Instagram pour la campagne de sensibilisation par rapport à leur marque, car c'est un endroit extraordinaire pour tout partager au sujet de ce que représente votre entreprise.

- Utiliserez-vous Instagram comme une composante de votre campagne de génération de prospects? Vous devez donc savoir que les utilisateurs se connectent habituellement à Instagram via leurs téléphones mobiles.

- Vous êtes probablement juste intéressé par le fait de gagner des adeptes pour l'instant, pour ensuite développer votre stratégie plus tard n'est-ce pas?

Concevez vos Mesures

Contrairement à d'autres plate-formes de réseaux sociaux, Instagram a une restriction d'origine analytique, ce qui signifie que là, vous ne pouvez pas accéder à vos statistiques dans l'application. Pour afficher les analyses concernant vos données, vous pouvez utiliser des applications tierces telles que Iconosquare, qui peut vous aider à mesurer le succès de votre campagne Instagram, la croissance au fil du temps, le taux d'abonnement ou de désabonnement, et le succès de vos hashtags.

C'est plus facile de travailler avec Instagram pour les affaires si vous travaillez avec des données réelles. En utilisant un calendrier des réseaux sociaux, il vous sera facile pour suivre un plan selon les meilleurs moments de la journée. Ceci est idéal pour garder une trace du nombre d'abonnés que vous gagnez par jour, par semaine et par mois. La détermination de ces paramètres avant de commencer ainsi que votre concentration sur votre stratégie peuvent être cruciales pour votre succès ainsi que votre capacité à suivre les meilleures pratiques et éviter les pratiques inefficaces.

Comprenez la Valeur Managériale d'Instagram pour Votre Entreprise

Le plus souvent, il pourrait être difficile pour les réseaux sociaux d'établir la valeur, parce que, par nature, elle est immatérielle. Contrairement à un webinaire ou un ebook qui peut attirer des centaines ou même des milliers de nouveaux prospects et de nouveaux clients que vous pouvez facilement intégrer à votre gestion, Instagram cible l'aspect humain de votre entreprise. Instagram rend votre entreprise plus humaine.

Bien que LinkedIn, Facebook et Twitter soient utilisés pour le partage de contenu et la mise en réseau, Instagram est le canal que vous pouvez utiliser pour montrer le côté humain de votre entreprise. En présentant les grandes personnes derrière votre entreprise, votre lieu de travail, les événements qui vous motivent, et les petites choses qui font partie de votre entreprise, vous fournissez une vue incroyable de votre marque qui est plus personnelle, attrayante et chaleureuse.

L'importance du Facteur Humain pour Votre Marque

Humaniser votre marque est important pour votre culture et recrutement. Environ 30% des utilisateurs d'Instagram aujourd'hui sont composées d'adolescents qui sont probablement en train de finir les études et commencer à chercher des emplois. Ces données démographiques spécifiques font d'Instagram un réseau social important.

En outre, Instagram est également important car il affiche la dernière étape dans le voyage de l'acheteur, ce qui est un plaisir plus grand. Après la séduction des prospects, l'acquisition des clients, et la croissance de votre auditoire, il est crucial de donner à votre auditoire une communauté à laquelle elle peut appartenir.

Suivez les Directives de Marque

Tout comme l'utilisation d'autres plate-formes de réseaux sociaux, il est crucial de rester fidèle à la marque tout en travaillant sur Instagram. Si votre entreprise utilise un guide de style visuel, assurez-vous que vos messages sur Instagram sont fidèles à la marque et suivent les directives. Par exemple, votre entreprise ne partage-t-elle que des images fondées sur le schéma de couleurs spécifiques à Facebook et Twitter? Vos images devraient-elles toutes inclurent le logo de votre entreprise? Assurez-vous de demander l'avis votre équipe chargée de la marque ou des relations publiques avant de poster une image sur les réseaux sociaux.

Voici quelques conseils que vous pouvez suivre pour optimiser vos messages sur Instagram:

• Utiliser la haute définition pour les photos. L'idéal est d'utiliser des photos de haute qualité pour les graphiques ou toile de fond du texte. C'est une excellente façon de montrer l'aspect et la convivialité de votre marque.

• Suivez la règle des tiers. Selon la règle des tiers, une image est plus agréable si les sujets sont dans les lignes imaginaires qui divisent l'image en trois ; horizontalement et verticalement. Cette règle bien connue dans la photographie concerne la définition de l'élément esthétique appropriée. Elle vous permet également de réaliser un sens de l'équilibre sans rendre l'image trop statique tout en créant un sentiment de sophistication sans que l'image ne paraisse trop chargée.

• Faites des photos impressionnantes. Seuls quelques chanceux ont les compétences nécessaires pour capturer de grands moments dans une image. De nombreux tutoriels en ligne vous aideront à apprendre comment prendre de superbes photos, même avec votre smartphone.

• Suivre les règles de Typographie. Si vous ajoutez des textes aux images, sachez qu'il existe des règles de conception graphique et de typographie. Vous devez également apprendre comment les différentes polices peuvent inciter le public et créer des designs spectaculaires.

Apprenez Comment Programmer les Publications sur Instagram

Un modèle de média social est crucial pour travailler avec tout type de plate-forme de réseaux sociaux. Vous devez inclure une fréquence planifiée, ainsi que les moments précis de la journée où vous postez des messages.

En ce qui concerne le moment de la journée, il est souhaitable de commencer par essayer plusieurs publications à différents moments pour connaître le meilleur moment où vous aurez les plus hautes interactions. Assurez-vous d'avoir déjà ciblé votre marché et que vous avez déjà déterminé votre personnage cible.

Êtes-vous un petit magasin de bonbons essayant de promouvoir la large gamme de variétés de bonbons disponibles dans votre magasin? Essayez-vous de pousser les employés qualifiés à faire partie de votre entreprise en pleine croissance?

Cibler votre personnel pourrait transformer de manière significative votre planification par rapport à Instagram, surtout si vous ciblez un marché dans un endroit et le fuseau horaire est différent.

Après avoir effectué les premiers essais avec plusieurs publications et vous aurez déjà recueilli des données sur l'interaction, vous pouvez maintenant optimiser votre horaire de publication sur la base des résultats de l'expérience.

Voici Neuf Astuces pour Optimiser Votre Profil d'Entreprise et les Messages sur Instagram :

1. Utilisez un Nom d'utilisateur reconnaissable

Votre nom d'utilisateur ou pseudonyme représente une pièce importante de votre profil, car les utilisateurs d'Instagram s'en serviront pour vous trouver et vous suivre. Par conséquent, assurez-vous que votre nom d'utilisateur soit reconnaissable et autant fidèle que possible à votre marque.

2. Soyez public

Il est important que le profil d'affaires Instagram soit défini comme public. Sachez que vous avez besoin d'attirer des adeptes dans Instagram, ce qui est plus facile à faire si votre profil est public.

3. Inclure Votre nom d'affaires complet

Votre entreprise doit entièrement paraître dans votre profil Instagram. Celui-ci apparaîtra sous la photo de profil et en dessous du pseudonyme lors d'une recherche.

4. inclure des liens vers votre profil

Y compris un lien vers votre section bio qui aidera vos adeptes à visiter votre site directement.

5. Ajouter la localisation

Naturellement, les gens aiment savoir où vous avez pris une belle image.

6. Partager un contenu pertinent

Plus les utilisateurs trouvent votre contenu pertinent, plus ils vont adorer votre profil, et plus vous pouvez attirer de nouveaux fans.

7. Utilisez des photos haute définition

Ne jamais utiliser des images pixélisées dans vos messages d'Instagram.

8. Personnalisez vos messages

Rappelez-vous d'utiliser des tags, des filtres, des hashtags et des liens vers vos photos.

9. Inclure l'appel à l'action

Si vous voulez que vos abonnés Instagram prennent des mesures (comme vous inscrire en tant que membre), vous devez leur dire ce qu'il faut faire. Rappelez-vous d'utiliser des liens dans vos sous-titres IG pour votre appel à l'action.

Comment Utiliser les Hashtags sur Instagram pour Augmenter le Nombre d'Abonnés

Utiliser des hashtags qui sont relatifs à votre marque, contenu et objectifs peut aider à regrouper vos photos ainsi que les connecter avec des sujets qui sont orientés en ligne.

La signification liée à l'identité de la marque peut aller de pair avec un hashtag particulier à créer pour votre entreprise. Beaucoup de marques peuvent utiliser leur propre nom de marque comme un hashtag. Par conséquent, le nom de marque pourrait être votre nom ou pseudo d'utilisateur, qui est connu comme une marque hashtag.

En travaillant sur un hashtag pour votre marque, vous devez vous assurer qu'il soit spécial et pertinent pour votre entreprise; et qui ne se retrouve pas trop en conflit avec vos autres messages.

Si vous utilisez un hashtag que vous avez inventé pour votre marque, vous devez suivre sa croissance et commencer à répondre à des questions importantes comme:

• Est-ce que le hashtag devient populaire?

• Mes abonnés utilisent-ils le hashtag?

• Est-ce que le hashtag attire des abonnés?

Vous pouvez utiliser le moteur de recherche de Iconosquare pour regarder le nombre de fois que le hashtag a été utilisé; cela vous donne une idée de la popularité du hashtag. Il est même possible de comparer vos hashtags avec les hashtags populaires en examinant les Top Tags d'Iconosquare ainsi que les données d'exportation au sujet de hashtags spécifiques (goûts, commentaires, messages, géolocalisation, etc.) pour explorer encore plus profondément dans les analyses de hashtags et les optimiser pour vos abonnés.

Code de Conduite pour les Marketeurs sur Instagram

Les réseaux sociaux sont une plate-forme démocratique, où vos partisans peuvent être d'origines très diverses. En tant que tel, il y aura toujours des abonnés et utilisateurs qui posteront des commentaires inappropriés ou négatifs.

Il est important de répondre aux commentaires positifs sur votre Instagram si l'abonné a passé quelque temps à poser une question ou a participé à tout type de conversation que vous avez initié. Il est recommandé de vérifier les commentaires au moins une fois tous les deux jours, en particulier pour les publications particulières ou concours.

Si vous utilisez Iconosquare pour la gestion de votre compte d'entreprise sur Instagram, assurez-vous de vérifier l'outil commentaires afin que vous puissiez identifier ceux que vous avez déjà lu, modérer les commentaires qui sont inappropriés, et répondre aux commentaires positifs. Un ordinateur est idéal dans la gestion des commentaires ; bien plus que votre téléphone mobile.

Interagissez avec les gens qui vous suivent, ou d'autres personnes dans votre secteur que vous suivez. Par conséquent, vous devriez donner de l'amour pour recevoir de l'amour. Vous pouvez passer du temps tous les jours ou au moins une fois par semaine a aimer et a commenter les autres publications en dehors des votres.

Il existe différents types de commentaires sur Instagram et vous avez besoin de savoir comment vous pouvez réagir efficacement pour chaque type. Voici les lignes directrices que vous pouvez suivre:

- Si le commentaire est positif mais faux, vous devriez répondre.
- Si le commentaire est positif et vrai, vous devriez écouter ou répondre.
- Si le commentaire est négatif, pas un troll, mais une blague ou une diatribe, vous devriez écouter.
- Si le commentaire est négatif, pas un troll, pas une blague ou une diatribe, mais l'information est fausse, vous devriez répondre.
- Si le commentaire est négatif, pas un troll, pas une blague ou une diatribe, pas une fausse information, mais l'utilisateur n'est pas heureux, vous devriez répondre.
- Si le commentaire est négatif, pas un troll, pas une blague ou une diatribe, pas une fausse information, mais que l'utilisateur est heureux, alors vous devriez écouter.

Comment Faire Augmenter vos Abonnés Instagram à Travers un Concours

Les concours en ligne sont efficaces pour élargir votre portée, interagir avec votre communauté, ainsi que pour stimuler votre viralité. Un concours bien planifié est efficace, peu importe si vous voulez soutenir le lancement d'un nouveau produit ou service, gagnez une présence en ligne incroyable ou créer des liens avec vos clients.

Les concours d'utilisateur généralisés (UGCS) sont idéals si vous voulez encourager les gens à interagir avec votre marque et construire de la familiarité avec votre produit. Solliciter des publications de vos abonnés pourrait élargir le lien affectif entre la marque et les consommateurs. En outre, en organisant un concours de vidéo ou de photos, vous pouvez facilement générer du contenu (publications) promotionnel, réel, et organique, développé par et pour votre public. Cela pourrait vous aider à étendre la portée de la campagne au-delà de votre auditoire. Sachez que lorsque les utilisateurs publient leurs entrées à travers leurs profils Instagram, leurs partisans verront également le message.

Voici les facteurs que vous devriez considérer lorsque vous organisez un concours pour Instagram:

- Définir vos objectifs, établir votre calendrier, estimer votre budget, connaître vos objectifs et définir vos paramètres
- Développer une méthode d'entrée pour le concours Instagram
- Créer et utiliser le hashtag idéal
- Créer un thème pour votre concours
- Décrire le processus de choix du ou des gagnants
- Définir un processus sur la façon dont vous distribuerez les prix.
- Assurez-vous de le vérifier auprès de votre équipe juridique et veillez à ce que les lignes directrices et les procédures soient conformes aux lois en vigueur.
- Définir les règles du concours

- Construire la page de destination
- Promouvoir le concours de façon agressive non seulement dans Instagram, mais aussi sur d'autres plate-formes de réseaux sociaux
- Garder une trace du processus du concours et suivre les statistiques
- Informer vos abonnés sur le concours

Instagram est une plate-forme de réseau social en plein développement, ce qui vous permettra de grandir et d'ajouter l'élément humain à votre marque, présenter vos produits et votre culture d'entreprise, de ravir vos clients et de rechercher de nouvelles opportunités pour votre entreprise. Vous pouvez avoir tout ces bénéfices simplement en partageant des images que vous pouvez facilement créer.

Assurez-vous d'associer Instagram à vos campagnes de marketing sur les réseaux sociaux. Commencez à expérimenter et à apprendre ce qui est efficace, ainsi que les pratiques qui ne le sont pas. Amusez-vous à l'aide de ce canal de réseaux sociaux et soyez sûr de continuer à apprendre.

Conclusion

Merci encore pour le téléchargement de ce livre!

J'espère que ce livre a été en mesure de vous aider à apprendre comment vous pouvez utiliser les différentes plate-formes de réseaux sociaux dans le marketing de votre entreprise.

L'étape suivante consiste à utiliser les stratégies et les tactiques que vous avez apprises ici et élaborer un plan de marketing des réseaux sociaux pour votre entreprise.

Enfin, si vous avez aimé ce livre, alors je voudrais vous demander une faveur, seriez-vous assez aimable pour laisser un commentaire pour ce livre sur Amazon? Je vous en serais vraiment gré!

Merci et bonne chance !!!

9504697R00045

Printed in Germany
by Amazon Distribution
GmbH, Leipzig